Grzegorz Lydek

Il matrimonio cristiano via di santità e della misericordia

Grzegorz Lydek

Il matrimonio cristiano via di santità e della misericordia

L'opera della Trinità di Dio

Edizioni Sant'Antonio

Imprint
Any brand names and product names mentioned in this book are subject to trademark, brand or patent protection and are trademarks or registered trademarks of their respective holders. The use of brand names, product names, common names, trade names, product descriptions etc. even without a particular marking in this work is in no way to be construed to mean that such names may be regarded as unrestricted in respect of trademark and brand protection legislation and could thus be used by anyone.

Cover image: www.ingimage.com

Publisher:
Edizioni Accademiche Italiane
is a trademark of
International Book Market Service Ltd., member of OmniScriptum Publishing Group
17 Meldrum Street, Beau Bassin 71504, Mauritius

Printed at: see last page
ISBN: 978-613-8-39110-4

PRESENTAZIONE

Queste pagine nascono, come accenna anche don Gregorio, da molti motivi ma, soprattutto, da una battuta che io gli lanciai, al campo diocesano delle famiglie dello scorso anno, invitandolo a scrivere qualcosa sul legame indissolubile - è proprio il caso di dirlo! - che unisce il matrimonio e la misericordia.

La misericordia, come ci ha ricordato Papa Francesco in occasione dell'anno della misericordia, è l'architrave della Chiesa ed è anche la parola ultima e definitiva del Dio della Bibbia. Infatti, affermava sant'Agostino che, alla Sacra Scrittura, non interessasse tanto dimostrare che Dio esistesse quanto che Egli fosse, appunto, misericordia.

Nel ringraziare don Gregorio per questo suo lavoro che, sicuramente, sarà prezioso per molti, vorrei dire, per iniziare, che, in lui e nella genesi di questo lavoro, ho rivisto all'opera quella che mi piace chiamare la "logica della samaritana", in riferimento a ciò che accadde a quella donna incontrando Gesù e a ciò che le dissero i suoi concittadini incontrando Gesù a loro volta: la donna, una volta scoperto il dono di Dio, ha avuto la sua vita trasformata e, perciò, non ha avuto nessuna esitazione ad abbandonare l'"urgente" (la brocca) per l'"importante" (l'annuncio del Vangelo); mentre i suoi concittadini, dopo aver ascoltato le sue parole ed averla seguita, avendo fatto direttamente l'esperienza dell'incontro con il Signore, affermano che adesso non credono più per le parole della donna, ma perché hanno "visto e toccato con mano"!

Mi sembra, infatti, che a don Gregorio sia successo qualcosa di simile: ha sentito parlare della grandezza e della bellezza del sacramento del matrimonio e della soggettività della famiglia (anche da me, suo vescovo!), ne ha fatto esperienza, anche attraverso la conoscenza di don Renzo Bonetti e della realtà di "Mistero Grande" ed, ora, ne è diventato, a sua volta, annunciatore e testimone, cominciando un nuovo modo di fare evangelizzazione e pastorale, anche facendo nascere e crescere alcune "Comunità Familiari di Evangelizzazione".

Don Gregorio ha scoperto che la famiglia è, in se stessa, una "buona notizia" e che essa è "soggetto indispensabile", anche se "non autosufficiente", della pastorale e della Chiesa stessa. La famiglia, infatti, con la sua vita reale, fa una "teologia narrativa" dell'identità di Dio e della sua missione, cioè "racconta" ciò che Dio è e ciò che Dio fa. Del resto, ogni pagina della Sacra Scrittura parla di Dio che ci ama come uno sposo ama la sua sposa e come un padre e una madre amano i propri figli (non c'è scritto che ci ama come amano un prete o una suora!) e, nel Vangelo, è lo stesso Gesù che si presenta come lo Sposo. In fin dei conti, per la Bibbia, essere in relazione con il proprio Creatore e con le creature significa "essere", mentre la non-relazione implica il "non-essere". Per questo l'amore è più forte della morte e se la morte è lo "stipendio" del peccato, l'amore è più forte dello stesso peccato! E per questo la santità (*Siate santi...*) è equiparata alla perfezione (*Siate perfetti...*) e, in conclusione, alla misericordia (*Siate misericordiosi...*).

Per questo, san Giovanni Paolo II parlava del matrimonio come "sacramento originario e primordiale": non bisogna, quindi, modificare l'organizzazione, ma convertirsi per progettare una pastorale a partire dalla "fede" nella famiglia in quanto "mistero di Dio", nella coppia in quanto autorivelazione creativa di Dio, nell'amore nuziale in quanto immagine che Lui ha scelto per manifestarsi ed, infine, nella coppia cristiana che, per il sacramento del matrimonio, è coinvolta, assunta, "elevata" dentro l'amore straordinario che unisce Cristo alla sua Chiesa per "attivarne" l'efficacia qui ed ora (*Ef* 5,32).

Questo, come è evidente, non è un "nuovo Vangelo" nei contenuti, bensì nei metodi, nell'ardore e nella novità delle espressioni: occorre riconoscere nell'uomo/donna l'opera più splendente della creazione; occorre contemplare il Mistero nuziale di Dio, sorgente di ogni amore umano; occorre, con la forza dello Spirito, diventare capaci di amarsi come Gesù sulla croce (*FC*13); occorre vivere il "coinvolgimento sponsale" (*FC* 50); occorre camminare verso la "Gerusalemme nuova" per partecipare alle nozze dell'Agnello.

Il Concilio Vaticano II, poi, ci ha ridetto, nel primo capitolo della *Dei Verbum*, un dato ormai acquisito: nel momento stesso in cui Dio si manifesta e dice qualcosa di sè, nello stesso istante, svela e fa conoscere il disegno che Lui ha nei confronti dell'umanità. Ma come fa l'umanità a prendere coscienza di sè? Non semplicemente riflettendo su di sè, bensì accettando, come già accennato, di entrare in relazione con un'altra persona fino in fondo e accettando di entrare in relazione anche con Dio: è lo sguardo dell'altro su di me che mi permette di percepire la totalità di me; è lo sguardo di Dio su di me, il modo in cui Lui si pone nei miei confronti che mi permette di capire chi, effettivamente, io sono. Ora, se è vero che Dio è il Bene assoluto e la realtà più grande che esista, può Egli preparare per l'umanità qualche cosa di diverso da se stesso? Non può essere! Se Dio veramente mi ama e Lui è il massimo bene, non può pensare null'altro di meglio che se stesso! Dio ama l'uomo e l'intera umanità con tutto il cuore, con tutta l'anima, con tutte le forze, con tutto se stesso: Gesù sulla croce non è questo? Come poteva Dio far capire tutto questo all'umanità? Come poteva comunicare all'umanità questo suo amore folle, questa sua "mania", questa sua pazza follia nei confronti dell'umanità? Come poteva realizzarla? In parole semplici e dirette si potrebbe dire: quando Dio decide di dire qualcosa di sè è nei confronti dell'umanità fa la scelta dell'umano, del nuziale, del familiare. Sceglie la nuzialità e la familiarità. Ha scelto la via nuziale e familiare per farsi uomo e per vivere in questo modo dentro la storia e così dare la buona notizia.

Se capissimo questo, nascerebbe una nuova fase della Chiesa, che un po' si è fatta "vecchia", che ha bisogno di recuperare la sua vera identità e la sua missione, per passare dall'essere più o meno un'agenzia che gestisce tanti servizi e un po' di potere, al l'essere famiglia di Dio che si gioca fino in fondo nel feriale e nel quotidiano e, anche, nell'universale e nel planetario. É, quindi, veramente bello che Gesù Cristo, il Verbo, entrando nel mondo, ha, comunque, rispettato la schema nuziale/familiare, sia pure superandolo ed inverandolo dal di dentro. Il mistero della coppia uomo-donna è un grande mistero; esso, però, rimanda ad un mistero più grande, quello della coppia Cristo-Chiesa; e questo, a sua volta, rimanda al mistero più grande ancora che è quello intratrinitario. Fra questi tre misteri c'è un rapporto molto intimo e molto forte per cui Dio si "dice" nella coppia e la coppia "dice" il mistero di Dio non tanto facendo il "moralista" (cioè comportandosi bene), quanto vivendo fino in fondo il mistero che racchiude nella carne, cioè il suo mistero nuziale e familiare. Vale anche per i coniugi e per le famiglie quello che Paolo diceva di sè: noi portiamo tesori immensi in vasi di creta, perché appaia, con evidenza, che l'effetto della grazia, ciò che la grazia produce non viene da noi, ma da Dio che portiamo dentro di noi. Non si fa apostolato facendo ostentazione di sè. Sono così noiosi quegli sposi che presentano se stessi come modelli ai fidanzati e a tutti gli altri. A volte, sembra che la testimonianza sia una passerella! Ma non deve essere così, ci mancherebbe altro!

Anche come preti e vescovi facciamo una fatica enorme a fare questo passaggio interiore: non si deve fare ostentazione di se stessi, ma si deve diventare ostensorio di Lui! Per cui, ha ragione san Paolo quando dice che il Signore ci lascerà (sia ai preti che alle coppie) sempre una spina nella carne, qualcosa di imperfetto perché sappiamo e ci ricordiamo sempre che tutto viene da Lui e che abbiamo sempre bisogno del suo amore misericordioso, perché altrimenti finiremmo in un delirio di onnipotenza.

Non esiste dono se non ti metti in dono! Se non muori in favore dell'altro! La vera gioia è la gioia dell'altro! Per cui se si è tristi vuol dire che si sta pensando troppo a se stessi! Se è vero che c'è più gioia nel dare che nel ricevere, allora il giorno in cui sono triste devo avere il coraggio di dirmi che, forse, sto ricominciando a pensare solo a me stesso. Allora, devo riaprire la finestra del mio cuore, perché altrimenti l'aria diventa viziata. Occorre aprirsi alla gioia vera, non basta il solletico, qualcosa di epidermico e di superficiale!

Questo testo di don Gregorio metterà tutti - preti, coppie e famiglie - in cammino. Esso sarà come una spinta per prendere maggiore consapevolezza del mistero che ci abita, di ciò che si è e di ciò che si deve fare e per essere sempre più capaci di "raccontare" Dio e il suo amore, raccontando la propria vita e il proprio amore! Insomma, il "volto" di Dio, il "volto" della Chiesa e il "volto" della famiglia dovrebbero diventare "una cosa sola"! Buona lettura e auguri a tutti.

+ *Emidio Cipollone*
Arcivescovo di Lanciano-Ortona

Prefazione

Il matrimonio naturale, elevato a sacramento, è segno della misericordia di Dio, in forza della partecipazione degli sposi all'amore stesso di Dio. In altre parole, la misericordia di Dio prende visibilità ancora oggi attraverso le braccia accoglienti degli sposi, nella misura in cui essi si aprono alla grazia di partecipare dell'amore di Gesù. La missione che Gesù ha ricevuto dal Padre è stata quella di rivelare il mistero dell'amore divino nella sua pienezza.

«Dio è amore» (*1Gv* 4,8.16) afferma per la prima e unica volta in tutta la Sacra Scrittura l'evangelista Giovanni. Questo amore si è reso visibile nell'incarnazione: tutta la vita di Gesù parla di un amore che è al di sopra delle coordinate umane e si dona gratuitamente; un amore che parla di misericordia, di compassione cioè di partecipazione alla sofferenza dell'altro. Gesù non prova un sentimento di pena che va dall'alto in basso, ma arriva a provare un dolore che non nasce in Lui ma che prova perché ama a tal punto la persona che sta soffrendo, da giungere a una comunione intima con il suo dolore. Gesù, dinanzi alla moltitudine di persone che lo seguivano, vedendo che erano stanche e sfinite, smarrite e senza guida, sentì fin dal profondo del cuore una forte compassione per loro (cf. *Mt* 9,36). In forza di questo amore compassionevole guarì i malati che gli venivano presentati (cf. *Mt* 14,14), e con pochi pani e pesci sfamò grandi folle (cf. *Mt* 15,37). Quello che muoveva Gesù in tutte le circostanze, non era altro che la misericordia con la quale leggeva nel cuore dei suoi interlocutori e rispondeva al loro bisogno più vero: sentirsi amati.

"Mistero Grande", come lo chiama Paolo (cf. *Ef* 5,32), è innanzitutto il progetto salvifico di Dio rivelato in Cristo, è il "come Cristo ha amato e ama la Chiesa e l'umanità". Mistero Grande è dunque questo permanente movimento d'amore di Dio verso l'umanità, che stabilisce una relazione che trova la sua immagine più efficace nella relazione sposo-sposa. Gli sposi non solo sono immagine e somiglianza trinitaria ma sono anche il linguaggio che Dio ha scelto per manifestarsi.

Cristo viene a rendere ancora possibile la realizzazione del progetto di Dio sull'uomo-donna, rovinato dal peccato, dall'allontanamento dell'uomo da Dio e dunque dalla sorgente dell'Amore. Cristo viene a guarire il cuore indurito dal peccato, è Lui che dona agli sposi il cuore nuovo, cioè la possibilità di amare al di sopra delle loro capacità umane, essi ricevono il dono di amare come Cristo ama (cf. *Familiaris Consortio*, n. 13). Nella misura in cui nella coppia cresce l'amore di Gesù, si superano i limiti nel dare amore e l'amore della coppia diviene sempre più immagine del "tutto donato" di Gesù sulla croce. È un amore che arriva alla misericordia quando le diversità sono segnate dai limiti, dagli errori, dagli sbagli. È in queste circostanze, abbastanza frequenti nella vita di coppia e di famiglia, che l'amore trova i suoi vertici diventando misericordia che perdona, accoglie, ricomincia. Potremmo dire che è in queste circostanze che si coglie ancora di più la verità o il fondamento dell'amore. Vivere la misericordia non per compassione o perché si è più bravi di chi sbaglia o ha dei limiti, ma amare il coniuge o i figli per la loro identità più profonda: sono figli di Dio, sempre. Il fatto che gli sposi partecipino del "mistero grande" d'amore di Dio, li rende idonei ad amare oltre ogni limite e peccato. La misericordia è il volto più forte del mistero grande, basti pensare all'amore di Gesù per Giuda, per Pietro: Gesù li ama mentre tradiscono, perché tradiscono. È un amore-misericordia che non è donato agli sposi per mantenere gli equilibri, per evitare conflitti o separazioni: è un amore che trasforma il cuore e lo rende in grado di crescere incessantemente verso un'unità sempre più grande. La vetta dell'amore-misericordia è l'unità, un'unità che non cancella le differenze ma le valorizza e le compone in armonia. Questo significa arrivare a vedere nella differenza del coniuge non tanto una distanza ma una ricchezza, a partire dalla differenza tra il mondo maschile e quello femminile per giungere a tutte le differenze di carattere, i opinione, di cultura ed altro.

In forza della grazia del sacramento del matrimonio, gli sposi, partecipando al mistero grande dell'amore di Gesù, sono chiamati ad essere "distributori" di amore e di misericordia. Essi, nei loro gesti di perdono e accoglienza, divengono la via comunicativa mediante la quale Gesù comunica il suo amore misericordioso. Gli sposi sono presenza di Gesù, che vuole stabilire contatti con ogni singola persona e farle sapere che è amata da Lui, dal Padre, al di là e al di sopra dei suoi limiti e dei suoi errori.

Mons. Renzo Bonetti

INTRODUZIONE

Il grande tema della misericordia mi ha sempre interessato e affascinato sin dall'inizio dei miei studi filosofico-teologici e del servizio sacerdotale al quale mi ha chiamato lo Sposo della Chiesa, cioè Cristo Gesù. La teologia della misericordia è diventata per me come "una delle vie," sicura per poter arrivare a Dio, per conoscere il suo nome e riscoprire il suo vero volto, tutti giorni. La Provvidenza mi ha consentito di vivere "il clima della misericordia" nell'Arcidiocesi di Lanciano-Ortona, dove si custodiscono il miracolo eucaristico - segno visibile della misericordia, e le spoglie autentiche di san Tommaso - l'Apostolo della misericordia, colui che ha avuto il privilegio di toccare con la mano il costato di Cristo, cioè "la porta" della misericordia di Dio. Le ragioni della scelta dell'argomento del presente libro sono racchiuse nei miei interessi personali teologici e nel mio cammino pastorale nella comunità che per grazia di Dio mi viene affidata.

Il primo motivo consiste nel fatto che ho voluto "dare una continuità" alle mie diverse pubblicazioni sul tema della misericordia. Come secondo obiettivo, desidero integrare "il quadro" di una visione teologica attuale del matrimonio, come segno visibile della misericordia di Dio, inscindibilmente legato alla natura e al carattere dello stesso sacramento sponsale. Il terzo motivo è quello di far conoscere agli sposi l'aspetto rilevante della misericordia, vissuta all'interno del loro matrimonio. Il quarto, ed ultimo, è quello di una semplice risposta all'invito da parte del mio caro arcivescovo, mons. Emidio Cipollone, di scrivere sul tema della misericordia in una visione legata al matrimonio, rivoltomi in occasione del campo diocesano per le famiglie a Prati di Tivo.

Credo fermamente, e invito tutti, a credere insieme nel sacramento delle nozze, come segno efficace della presenza di Gesù misericordioso che ama e perdona, «abita nella famiglia reale e concreta, con tutte le sue sofferenze, le gioie e i suoi propositi quotidiani» (*Amoris Laetitia*, n. 73). Sono convinto che «il matrimonio cristiano sta in relazione reale, essenziale, intrinseca, con il mistero dell'unione di Cristo con la Chiesa; ha la sua radice in esso, è intrecciato organicamente con esso, e quindi partecipa della sua natura e del suo carattere soprannaturalmente».[1] Sicuramente «non è semplicemente il simbolo di questo mistero o un esemplare che rimane fuori dal medesimo, bensì una coppia germogliata dall'unione di Cristo con la Chiesa, prodotta e impregnata dalla medesima, dato che non solo raffigura quel mistero, ma lo rappresenta in se stesso realmente, cioè attivo ed efficace dentro di sé».[2]

Nel pensiero del beato Michele Sopoćko[3], lo specialista della teologia della misericordia, troviamo diverse e approfondite affermazioni al riguardo del matrimonio. In esso si evince chiaramente che Gesù, elevando il matrimonio alla dignità sacramentale, ha mostrato la sua infinita misericordia sia ai coniugi che a tutta l'umanità. In quel modo il matrimonio diventa una risorsa di grazie incolmabile e la fonte di tanta gioia. Nel sacramento del matrimonio, visto come segno della misericordia, dovrebbe stare lo spazio lasciato al reciproco compromesso dei coniugi, ai sacrifici e all'offerta di sé. Il sacramento delle nozze diventa ancora più grande misericordia per figli nati dalla unione dei coniugi. Per il beato, il matrimonio diventa il segno concreto della misericordia

---

[1]M. J. SCHEEBEN, *I misteri del cristianesimo*, 2 ed. Morcelliana, Brescia 1952, p. 45.
[2]*Ibidem*.
[3] Don dott. Michele Sopoćko nacque a Nowosady, nella circoscrizione di Vilna. Negli anni 1910-1914 studiò teologia all'Università di Vilna, poi a Varsavia, dove frequentò l'Istituto Pedagogico Superiore. Dopo aver conseguito il dottorato in teologia morale nel 1926, divenne padre spirituale nel seminario di Vilna. Fece la sua abilitazione nel 1934. Lavorò come professore di teologia pastorale alla Facoltà di Teologia dell'Università Stefano Bathory a Vilna e nel Seminario di Białystok (1928-1962). Negli anni 1918-1932 fu cappellano militare dell'Esercito Polacco a Varsavia e a Vilna. Don Michele Sopoćko nelle sue opere scientifiche pubblicate pose le basi teologiche per le nuove forme di culto della *Divina Misericordia*, che egli stesso divulgò assiduamente. Era impegnato anche in attività sociali. Era confessore di comunità religiose e laiche. Scrisse lettere di formazione per la prima comunità di suore e successivamente stese le costituzioni per la nuova congregazione, fondata in base alle riflessioni e proposte di suor Faustina. Compose preghiere alla *Misericordia Divina* basandosi sui suoi testi. Dopo la morte di suor Faustina, con la quale mantenne i contatti fino alla fine della sua vita, realizzò con fedeltà la missione. Nel *Diario* di santa Faustina è rimasta viva la testimonianza che rivela la bellezza della personalità e la ricchezza interiore di questo santo sacerdote. Il 28.09.2008 a Białystok in Polonia, la Chiesa ha proclamato Beato don Michele Sopoćko, padre spirituale di santa Faustina Kowalska: cf. H. CIERESZKO, *Il cammino di santità di Don Michele Sopoćko*, LEV, Città del Vaticano 2008, pp. 3-9.

per tutta la società, paese e umanità intera, perché essa si fonda e si costruisce sulla esistenza della famiglia sana. Essa però, rimane sana a condizione che sia educata all'unità e all'indissolubilità del matrimonio.[4]

Per me sacerdote diocesano, «il matrimonio cristiano è un segno che indica non solo quanto Cristo abbia amato la sua Chiesa nell'Alleanza sigillata sulla croce, ma rende presente tale amore nella comunione degli sposi» (*AL*, n. 73). Oggi vedo gli sposi con un occhio diverso, l'immagine bella della «forma *amoris*, perché essi sono inseriti nella restaurazione e consacrazione del dono del "principio (cf. *Mt* 19,4)».[5] I coniugi per me sono diventati come un tesoro da scoprire giorno per giorno. Nella mia visione teologica gli sposi «sono posti come ripresentazione, attualizzazione e annunciazione del mistero e della vicenda d'amore compiuta tra Cristo e la Chiesa».[6] Tanto è vero che i coniugi «di tale mistero sono diffusori, testimoniando anticipamene, come rivelatori e annunciatori del definitivo già iniziato, delle nozze escatologiche dell'Agnello».[7] Così calpestata e disprezzata dalla mentalità odierna, l'amore e la fedeltà dei coniugi cristiani, invece, non è «sono solo segno e simbolo dell'amore di Dio, ma segno efficace, simbolo pieno, attualizzazione reale, epifania dell'amore di Dio apparso in Gesù Cristo»[8]- che è «l'incarnazione definitiva della misericordia» (*Dives in Misericordia*, n. 8).

Per questo è mio desiderio illustrare e descrivere in questa libro che la misericordia può diventare il vero strumento dello Spirito per illuminare e rinnovare il mondo (cf. *Evangelii Gaudium*, n. 132), e cioè le famiglie. Per poter rinnovare le famiglie, però, occorre la conoscenza della misericordia nel

---

[4] Cf. M. SOPOĆKO, *Miłosierdzie Boga w dziełach Jego* [*Misericordia di Dio nelle Sue opere*], vol. I, KMB, Białystok 2008, pp. 258-262.
[5] R. BONETTI, *Il prete: uno sposo*, Cittadella Ed., Asissi 2015, p. 62.
[6] *Ibidem*.
[7] *Ibid*., p. 63.
[8] W. KASPER, *La teologia del matrimonio cristiano*, Ed. Queriniana, Roma 1985, p. 58.

sacramento del matrimonio, che è raggiungibile soltanto attraverso Cristo-Sposo della Chiesa.[9]

La teologia della misericordia unita alla teologia sponsale è come un dono nuovo, che potrebbe spezzare il circolo chiuso del proprio pensare, come una mano che solleva verso l'alto. Perciò, acutamente, Marcello Bordoni osserva:

«Ma se la teologia vuole e dev'essere qualcosa di più e di diverso rispetto a un approccio generico e metodico a delle semplici domande, dobbiamo affermare che il suo tratto particolare è dedicarsi a ciò che non abbiamo scoperto da noi stessi e che può essere per noi fondamento della vita perché ci precede e ci sostiene, essendo più grande del nostro stesso pensiero. Allora, il tratto particolare della teologia, riassunto nel detto: *credo ut intelligam*, vuole esprimere che nella teologia io accetto un dono che mi precede, per trovare a partire da esso e in esso l'accesso alla vita vera. È per la risposta a questo dono che si spezza il circolo chiuso del proprio pensare, perché al pensiero viene tesa, per così dire, una mano che lo solleva verso l'alto, al di là delle sue forze».[10]

La presente riflessione è scritta con la consapevolezza dell'esistenza dell'intimo nesso tra la vita coniugale degli sposi e la teologia della misericordia, che deve essere presa in considerazione per arrivare ad individuare e a comprendere il matrimonio, come segno concreto e visibile di misericordia.

Il libro sarà strutturato in cinque capitoli. Il primo capitolo cercherà d'offrire un approfondimento sull'attualizzazione della misericordia di Dio nel matrimonio. Il secondo capitolo riferirà tutta la specificità e l'originalità della bellezza straordinaria della realtà del matrimonio. Il terzo capitolo esporrà il tema del matrimonio come fonte di gioia e di grazia. Verrà più volte citata l'esortazione apostolica *Amoris Laetitia*, che evidenzia la visione ecclesiale sul matrimonio, e cioè l'attenzione fondamentale sui valori dell'amore unitivo, la

---

[9]Cf. E. Ozorowski - Z. Jarząbek - E. Bobkowska (edd.), *I dialoghi sulla Misericordia Divina*, Wybór, Białystok 2007, pp. 10-11.

[10]M. Bordoni, *La teologia tra fede, ragione, verità, amore*, in "PATH" 6 (2007), pp. 3-4.

fecondità, la fedeltà, l'indissolubilità. Il quarto capitolo, invece, analizzerà il tema del matrimonio come segno visibile della misericordia. Infine, il quinto capitolo focalizzerà l'attenzione sul sacramento del matrimonio visto come comunione con Dio amore-misericordia. Alle conclusioni si affiderà la puntualizzazione del rapporto tra matrimonio e misericordia, lasciando spazio alle ultime riflessioni e impressioni sulla bellezza del sacramento delle nozze, come segno visibile della misericordia di Dio.

CAPITOLO PRIMO

L'ATTUALIZZAZIONE DELLA MISERICORDIA DI DIO NEL MATRIMONIO

Il grande tema della misericordia, alla luce del rapporto nuziale tra Cristo e la Chiesa, attraversa tutta la Bibbia come "un filo rosso" perché Dio da "buon Papà", fin dall'inizio, si è rivelato come amore e misericordia. Di fronte al peccato di Adamo ed Eva, non li ha condannati per sempre ma ha promesso di salvarli e redimerli, dando loro la possibilità di riacquistare la dignità della figliolanza divina. Nel vangelo di san Matteo leggiamo: «Misericordia io voglio e non sacrifici» (*Mt* 9,13). Dio vuole, anzi, pretende la misericordia perché è misericordia da sempre, dall'eterno: "Eterna è la sua misericordia". Così il popolo d'Israele ha continuamente fatto esperienza che il Signore è «misericordioso e pietoso, lento all'ira e grande nell'amore» (*Sal* 103,8).[11]

Potremmo dire che «la diversità e la ricchezza dei linguaggi soteriologici della Sacra Scrittura e della tradizione ecclesiale esprimono sostanzialmente tre aspetti della salvezza degli uomini: *la liberazione dal peccato, la divinizzazione*»[12] e *la nuzializzazione*.[13]

La misericordia è la perfezione fondamentale di Dio e nello stesso tempo un motivo di eterna gioia anziché di paura o terrore. Essa, che è capace di trasformare e rinnovare tutto, manifesta l'onnipotenza di Dio. La misericordia è una potenza immensa divina o una eterna benedizione di Dio. In questa potenza

---

[11]Cf. G. LYDEK, *La misericordia di Dio nella teologia e nella spiritualità del beato Michele Sopoćko*, SIGRAF, Pescara 2016, p. 88.

[12]Cf. B. SESBOÜE, *Gesù Cristo l'unico mediatore. La vita cristiana alla salvezza*, Queriniana, Brescia 2009, p. 5.

[13]«*Nuzializzare* vuol dire far assaporare il gusto, far vedere la bellezza di un amore totale e gratuito, che spinge, in forza dell'amore dello Sposo, ad andare verso ogni uomo». R. BONETTI, *Il prete: uno sposo*, Cittadella Ed., Assisi 2015, p. 87.

di Dio i coniugi possono trovare la forza, la protezione e la speranza incomparabile.[14]

La *magna charta* per i coniugi che desiderano porsi in contemplazione e a servizio di questo «mistero grande» (*Ef* 5.32), segno della misericordia di Dio nel matrimonio, è rappresentata senz'altro da quanto si legge nella *Familiaris consortio* di san Giovanni Paolo II:

> «La comunione tra Dio e gli uomini trova il suo compimento definitivo in Gesù Cristo, lo Sposo che ama e si dona come Salvatore dell'umanità, unendola a Sé come suo corpo. Egli rivela la verità originaria del matrimonio, la verità del "principio" (cfr. *Gen* 2,24; Mt 19,5) e, liberando l'uomo dalla durezza del cuore, lo rende capace di realizzarla interamente. Questa rivelazione raggiunge la sua pienezza definitiva nel dono d'amore che il Verbo di Dio fa all'umanità assumendo la natura umana, e nel sacrificio che Gesù Cristo fa di sé stesso sulla Croce per la sua Sposa, la Chiesa. In questo sacrificio si svela interamente quel disegno che Dio ha impresso nell'umanità dell'uomo e della donna, fin dalla loro creazione (cfr. *Ef* 5,32s); il matrimonio dei battezzati diviene così il simbolo reale della nuova ed eterna Alleanza, sancita nel sangue di Cristo. Lo Spirito, che il Signore effonde, dona il cuore nuovo e rende l'uomo e la donna capaci di amarsi, come Cristo ci ha amati. L'amore coniugale raggiunge quella pienezza a cui è interiormente ordinato, la carità coniugale, che è il modo proprio e specifico con cui gli sposi partecipano e sono chiamati a vivere la carità stessa di Cristo che si dona sulla Croce» (*FC* n. 13).

Esattamente, la memoria del sacrificio di Cristo "riproduce" visibilmente l'Eucaristia. Essa è il dono della misericordia compiuto sulla Croce, ed è là che vengono sigillate le nozze dello Sposo e della Sposa: l'alleanza coniugale, in questa prospettiva, si configura sull'alleanza di Cristo con la Chiesa, rappresentata dal sacramento dell'Eucaristia. Essa «è il banchetto nuziale che

[14]Cf. G. LYDEK, *La misericordia di Dio nella teologia e nella spiritualità del beato Michele Sopoćko*, p. 88.

anticipa il banchetto definitivo: in e per mezzo di essa si rivela e si realizza la possibilità offerta ad ogni uomo e donna di comprendere e vivere l'origine divina del proprio essere e amare, di entrare nella pienezza del divino attraverso la nuzialità umana. In ogni Eucaristia si celebra la festa e il donarsi della diletta Chiesa al diletto Sposo, si rinnova l'amen dell'incontro in cui si aprono gli occhi della sposa, nel rivivere il gesto dell'intimità con il suo sposo (cf. *Ct* 2,16; Lc 24,31)».[15] La configurazione degli sposi rispetto a Cristo, definita spesso la loro "consacrazione sponsale", non ha nulla dell'imitazione esteriore o di una lontana analogia: essa è opera dello Spirito Santo, che trasforma in profondità la soggettività degli sposi e la loro capacità di amare come Cristo ha amato noi. Essa santifica, purificandolo, l'amore che essi hanno l'uno per l'altra, amore che diventa l'amore stesso di Cristo, in una testimonianza ecclesiale che si compie giorno dopo giorno. Tanto è vero che «nasce qui l'esigenza di "nuzializzare" la Chiesa, ovvero i cristiani in ogni stato di vita e nel loro agire *ad intra* (nella Chiesa) e *ad extra* (nell'evangelizzazione)».[16] Su questa linea si comprende meglio la questione dell'indissolubilità del matrimonio cristiano: essa può essere formulata a partire da ciò che, in verità, l'amore coniugale è chiamato ad esprimere, ovvero l'amore senza pentimento di cui Cristo fa dono a tutti gli uomini. E questo avvenimento è unico, come è unico il dono che, nel matrimonio sacramentale, un uomo o una donna fanno di loro stessi. Questa idea troviamo in *Amoris laetitia*, infatti leggiamo:

> «"L'indissolubilità del matrimonio" (*Mt* 19,6) non è innanzitutto da intendere come 'giogo' imposto agli uomini, bensì come un dono fatto alle persone unite in matrimonio (...). La condiscendenza divina accompagna sempre il cammino umano, guarisce e trasforma il cuore indurito con la sua grazia, orientandolo verso il suo principio, attraverso la via della croce» (*AL* n. 62).

---

[15]R. BONETTI, *Il prete: uno sposo*, op. cit., p. 61.
[16]R. BONETTI, *Il prete: uno sposo*, op. cit., p. 62.

In altre parole, potremmo dire, con fermezza, che l'indissolubilità del matrimonio è frutto della misericordia. Il matrimonio, però, è sacramento, ma anche il «mistero grande» (*Ef* 5,32), perché in esso si rende presente l'opera della Trinità di Dio, perché in esso è l'alleanza d'Amore di Dio con il suo popolo che viene a realizzarsi.

Il matrimonio-sacramento vuole dire che esso ha a che fare con la Trinità santa, più precisamente, come l'Alleanza nuziale della nostra salvezza, celebrata nell'Incarnazione, e celebrata in tutta l'economia sacramentale, in modo speciale nell'Eucaristia. In altre parole possiamo dire che il matrimonio-sacramento è l'atto con il quale gli sposi si consacrano insieme a Dio Amore-Misericordia. Gli sposi vengono accolti da Dio che li ha chiamati alla donazione reciproca, è come dire il "sì" ad una vocazione eterna. Dio, il Padre misericordioso, è colui che dall'Eterno li chiama. Potremmo dire che nel vincolo di amore dei due, si riflette il vincolo della misericordia di Dio con il suo popolo.[17]

A questo punto vale la pena chiederci: ma che cos'è il mistero? Il termine *mysterion* è un termine di straordinaria bellezza e potenza nel linguaggio paolino. Esso è il disegno divino di salvezza che viene a realizzarsi nella storia; è appunto la gloria nascosta e rivelata nella storia. Per questo il «mistero è grande, lo dico in riferimento a Cristo e alla Chiesa» (*Ef* 5,32). Qui san Paolo sta dicendo non solo che alleanza nuziale tra l'uomo e la donna è *mysterion*, cioè è storia, è carne, è sangue, ma che essa è totalmente abitata dalla gloria, dalla misericordia della Trinità, dalla presenza di Dio.[18] Ecco perché «san Francesco Saverio si inchinava davanti a ogni coppia di sposi, per esprimere la sua fede nella presenza di Dio nel sacramento del matrimonio».[19]

Ora possiamo ben capire e chiarire che non è la stessa cosa il matrimonio civile ed il matrimonio sacramento. La differenza è sostanziale: il matrimonio

---

[17]Cf. B. FORTE, *Eucaristia e Matrimonio. Unico mistero nuziale*, in "Atti" *VIII Convegno regionale di formazione per operatori di pastorale familiare*, Prati di Tivo - Pietracamela (TE) 2005, p. 33.
[18]Cf. *ibidem*.
[19]R. BONETTI, *In famiglia la fede fa la differenza*, Effatà Ed., Cantalupa (Torino) 2016, p. 12.

civile è un contratto come altri, rescindibile come altri; il matrimonio sacramento è l'inabitazione della Trinità dei due, perché siano due e uno in Dio, è qualcosa di straordinariamente profondo. Il matrimonio sacramento, dunque, non è semplicemente l'atto nuziale del consenso. La Chiesa l'ha intuito fin dalle sue origini, tant'è vero che il matrimonio "rato e non consumato" può essere sciolto, ma è tutta la storia d'amore dei due, a partire da quell'istante che diventa sacramento di Dio. In quell'istante i due sono sacramento della misericordia di Dio, non meno di quanto lo furono del loro matrimonio. Perché di più? Perché oggi sono più ricchi anche dell'esperienza della vita, della procreazione ecc. Questa è l'idea del sacramento come un cammino, un essere in fieri continuamente, in cui viene rivelandosi sempre di più la luce di Dio. E in un disegno di compimento di santità, una coppia di coniugi anziana non è meno riflesso di tenerezza e d'amore di una coppia di giovani sposi. Per questo occorre richiamare la testimonianza più significativa della tenerezza umana tra i coniugi, del rapporto sponsale nei coniugi, la coppia dei beati Beltrame Quattrocchi.[20]

L'idea del sacramento matrimoniale, come un cammino di santità, "abbraccia" diversi approcci possibili nell'ordine della grazia. Infatti, il vincolo di tenerezza, che unisce la misericordia all'amore coniugale dà luogo a due sacramenti. La loro sacramentalità indica che il loro spessore, la loro sostanza umana, rinvia all'amore divino che possiede una dimensione nuziale nell'offerta eucaristica, come già si è dimostrato, e alla misericordia di Dio, che li salva e li reinserisce nella sua amicizia per mezzo del Suo perdono. Ciò significa che la riscoperta continua del dono prezioso dell'Eucaristia, del "per-dono" e di conseguenza del profondo amore misericordioso di Dio, è fondamentale per i coniugi che desiderano "incontrare il Cristo". L'incontro con Cristo dovrebbe instaurare una relazione e un rapporto stabile della coppia. San Tommaso nel testo della *Summa* dice: «Per creazione attiva s'intende l'azione di Dio che è

---

[20]Cf. B. FORTE, *Eucaristia e Matrimonio. Unico mistero nuziale*, op. cit., pp. 34-35.

(...) la sua essenza, con in più una relazione verso la creatura (*relatio ad creaturam*)»[21]. Interpretando questa frase, possiamo associare l'idea del rapporto tra Dio misericordioso e la creatura al contrassegno di una profonda asimmetria. Per questo motivo Gesù, lo Sposo della Chiesa,[22] ha già rivelato agli uomini il Padre misericordioso, donando lo Spirito dell'Amore. Egli ha restaurato una "relazione stabile", ha fatto conoscere il mistero della vita divina come la sorgente ed il modello di tutta la realtà, soprattutto quella della misericordia.[23]

Possiamo dire che il matrimonio, come la misericordia, esprimono il dono della salvezza. L'amore di Dio è salvifico, ciò esprime la Sua infinita misericordia. Allo stesso tempo il dono sacramentale rende possibile l'esercizio dell'amore fra gli sposi e concede loro il potere di superare gli ostacoli alla comunione. In un messaggio di san Giovanni Paolo II, nel quale proponeva il perdono come opera di giustizia e di pace atta a ricreare le condizioni di una riconciliazione a tutti i livelli della società, cominciando dalla società familiare, si legge:

> «La persona, tuttavia, ha un'essenziale dimensione sociale, in virtù della quale intreccia una rete di rapporti in cui esprime se stessa: non solo nel bene, purtroppo, ma anche nel male. Conseguenza di ciò è che il perdono si rende necessario anche a livello sociale. Le famiglie, i gruppi, gli Stati, la stessa Comunità internazionale, hanno bisogno di aprirsi al perdono per ritessere legami interrotti, per superare situazioni di sterile condanna mutua, per vincere la tentazione di escludere gli altri non concedendo loro possibilità di appello. La capacità di perdono sta alla base di ogni progetto di una società futura più giusta e solidale».[24]

---

[21]Tommaso d'Aquino, *Summa Theologie*, I, 45,3, ad 1, *De Veritate.*

[22]Cristo è lo Sposo della Chiesa (cf. *Mt* 9,15) e ogni membro per mezzo del sacramento del battesimo aderisce al Corpo Mistico della Sposa (Chiesa).

[23]Cf. G. LYDEK, *La misericordia di Dio nella teologia e nella spiritualità del beato Michele Sopo ko*, op. cit., p. 117.

[24]GIOVANNI PAOLO II, *Messaggio per la celebrazione della XXXV Giornata Mondiale della Pace*, 1 gennaio 2002.

Le parole del papa polacco appena menzionate sono di una attualità straordinaria. Appunto, la famiglia è il luogo privilegiato dove quotidianamente si esercita la misericordia, disponendo ciascuno, sposi, figli, nonni, ad allearsi per vivere pienamente le diversificate relazioni interpersonali che formano il tessuto familiare. Nello sguardo misericordioso di Gesù il matrimonio non è "dottrina" o "dogma", bensì "misericordia". Gesù risponde agli scribi che gli chiedono perché Mosè aveva concesso il permesso del ripudio: «Per la durezza del vostro cuore egli scrisse per voi questa norma» (*Mc* 10,5). Per questo possiamo dire che la durezza del cuore è esattamente il contrario della misericordia: l'amore si spezza quando muore la misericordia. Tuttavia, nella cornice storica del tempo di Gesù il divorzio era "normale" sia in ambiente ebraico che pagano.

Gesù, che è «l'incarnazione definitiva della misericordia» (*Dives in Misericordia*, n. 8), "il volto della misericordia", muta lo sguardo su tutto ciò che fin lì era stata la "norma": egli vive e propone l'amore verso lo straniero, l'amore verso il peccatore, l'amore verso i pubblicani e le prostitute, l'amore verso il povero, l'amore verso il nemico, l'amore verso l'adultera. Difatti, Gesù con il "racconto delle parole" avvicina tutti alla scoperta che Dio è Padre buono e misericordioso. «Ciò vale in primo luogo per la parabola del buon samaritano (cf. *Lc* 10,25-37) e del figliol prodigo (cf. *Lc* 15,11-32)».[25] Le due parabole «si sono impresse nella memoria dell'umanità e sono diventate addirittura proverbiali».[26] Nella prima parabola, ad esempio, Gesù presenta Dio che dal profondo del suo cuore si prende cura della miseria umana e diventa addirittura "il Buon Samaritano". I samaritani, però, erano disprezzati dagli ebrei come dei semipagani. Gesù utilizza questa parabola come esempio di misericordia concreta e immediata. Proprio un samaritano dice all'albergatore: «Prenditi cura

[25]W. KASPER, *Misericordia - Concetto fondamentale del vangelo - Chiave della vita cristiana*, Queriniana, Brescia 2013, p. 106.
[26]*Ibidem.*

e al mio ritorno ti rimborserò» (*Lc* 10,25-37).[27] Per il samaritano il prossimo sofferente è anche *kairós* di misericordia, luogo di chiamata, appello alla conversione.[28] Infatti «Gesù racconta la parabola come risposta all'interrogativo: chi è dunque il mio prossimo? La sua risposta è chiara. Non è una qualche persona lontana, ma piuttosto colui per il quale tu diventi prossimo, colui che incontri concretamente e che in quella situazione ha bisogno del tuo aiuto».[29]

Tutti questi "amori" sono espressioni della medesima carità, come canta l'inno alla carità:

> «La carità è magnanima, benevola è la carità; non è invidiosa, non si vanta, non si gonfia d'orgoglio, non manca di rispetto, non cerca il proprio interesse, non si adira, non tiene conto del male ricevuto, non gode dell'ingiustizia ma si rallegra della verità. Tutto scusa, tutto crede, tutto spera, tutto sopporta. La carità non avrà mai fine» (*1 Cor* 13,4-8).

Si comprende, nella logica dell'amore, che soltanto chi è misericordioso può riprendere con sé e continuare ad amare il coniuge che lo ha tradito. Gesù dà origine, ed insieme porta a compimento, l'amore. È il matrimonio stesso in sé, prima ancora che quello religioso, che già tende ad un amore che non finisce per il peccato o per il cambiamento dell'altro. È lo stesso matrimonio ebraico che già tende alla misericordia.[30]

Il coniuge che perdona, nel momento in cui rimette all'altro il suo debito, lo ristabilisce nei suoi diritti di sposo o di sposa: restaura la comunione coniugale ferita dalla colpa. Conviene qui osservare la natura della fedeltà coniugale. Se è vero che ciascuno degli sposi è chiamato ad esercitarla, e che l'impegno ad essere fedele sottende il patto coniugale, essa non è, innanzitutto, una realtà

---

[27]*Ibid.*, pp. 106-107.
[28]Cf. J. GUILLET, *Misericordia e sofferenza*, in "Communio" 10 (1981), pp. 24-33.
[29]W. KASPER, *Misericordia*, op. cit., p. 107.
[30]Cf. J. LAFFITTE, *Matrimonio e Misericordia: La sacramentalità dell'amore coniugale messa in discussione*, in "Alpha Omega", XIX, 2 (2016), p. 213.

giuridica, bensì teologica. Non si è fedeli al proprio coniuge perché egli stesso è fedele, ma gli si è fedeli incondizionatamente. Si tratta di fare propria la misteriosa logica di "Dio Amore-Misericordia". Il perdono si iscrive in questa stessa prospettiva di dono: la fedeltà rinvia ad una fiducia che non viene mercanteggiata. Colui al quale essa viene offerta non è sentito come una minaccia. Ciò che resta sconosciuto, o a volte incomprensibile nell'altro, diviene luogo di scoperta e di accettazione. Nella vita degli sposi il perdono non sottolinea innanzitutto la risposta generosa ed eroica di colui che avrebbe ingiustamente e gravemente sofferto per colpa dell'altro. In quanto comunione d'amore di tutta la vita il matrimonio cristiano dovrebbe normalmente escludere ogni offesa grave. Essa non dovrebbe essere fatale, anche se bisogna ammettere che spesso è all'origine delle divisioni fra gli sposi. Il perdono degli sposi dovrebbe piuttosto caratterizzare un'attitudine interiore, realista, in base alla quale l'altro viene pienamente accettato con tutti i suoi limiti. In tal senso, la fedeltà, che perdona, mette il matrimonio cristiano al sicuro dal pericolo mortale creato a volte da alcune offese: in tal caso, nell'amore incondizionato, nelle crisi, l'offesa "diventa" la fonte delle tenerezza.[31]

Per questo motivo «ogni famiglia riconciliata può vivere di pace e di giustizia. Però, non c'è pace senza giustizia, come non c'è giustizia senza perdono. Il matrimonio, come sacramento sponsale, e la misericordia come perdono sono una comunione, che attinge dal legame indissolubile, che unisce gli sposi, vincolo sacramentale e insieme profondamente naturale. L'unità degli sposi è insieme dono di Dio e impegno personale al servizio del bene comune. Ogni comunione suppone un bene condiviso, bene che paradossalmente aumenta proprio perché è condiviso. Sicuramente è utile approfondire la realtà sacramentale dell'amore coniugale, nella quale si può riconoscere la fonte di tutte le espressioni di misericordia fra gli sposi; questo ci permetterà di vedere

[31]Cf. G. CAMPANINI, *Fedeltà e Tenerezza. La spiritualità familiare*, Ed. Studium, Roma 2001, pp. 71-84.

come al centro di tutta la spiritualità coniugale si trovi la fedeltà, dimensione essenziale della vita comune dei coniugi».[32]

Perciò, prima di procedere nella nostra riflessione, «per evitare ogni malinteso, conviene cogliere l'intenzione ampia di Papa Francesco nell'esortazione *Amoris laetitia*, relativamente alla misericordia. Il Papa non sviluppa la convenienza teologica di fare misericordia in seno alla coppia. La desidera proporre a tutta la Chiesa come un programma di reale conversione pastorale ("conversione missionaria") per tutti: pastori, comunità cristiane, famiglie.[33] Per questo motivo il Pontefice parte dall'inno alla carità di San Paolo (*1 Cor* 13,4-7), poco menzionato, che specifica l'arte di vivere da cristiano; ne declina le varie espressioni possibili: pazienza, atteggiamento di benevolenza, distacco da ogni invidia o violenza, fiducia e, ovviamente, perdono. La fiducia profonda nel Signore però, diventa essenziale per un camino di conversione autentica. Essa suscita nel cuore umano l'atteggiamento di amore e di amicizia nelle relazioni interpersonali; inoltre, la fiducia consente di andare alla fonte della misericordia di Dio».[34] Per questo «la fiducia nella misericordia può ricondurre tutti allo stato di grazia di figli di Dio. Tale condizione spirituale supera ogni benessere legato alla materia e al possesso di beni».[35] Infatti, «Dio ama in modo perfetto e continua ad amare gli uomini, chiamandoli ad amare Lui

---

[32] J. LAFFITTE, *Matrimonio e Misericordia*, op. cit., pp. 212-213.

[33] Possiamo affermare che, ad una prima lettura, l'enciclica *Dives in misericordia* di san Giovanni Paolo II sembrerebbe offrire poco in merito a riflessioni sulla famiglia. Bisogna, invece, considerare, contrariamente a quanto ci si potrebbe aspettare, la particolare sensibilità del papa polacco e l'attenzione del suo Magistero verso e per la famiglia. Non possiamo dimenticare la sua esortazione ai vescovi riuniti a Puebla affinché fosse data "ogni priorità" alla famiglia, "con la certezza che nel futuro l'evangelizzazione dipenderà in gran parte dalla 'chiesa domestica'" (cf. *Discorso ai vescovi colombiani in visita "Ad limina Apostolorum"*, 8 marzo 1985). Costatiamo che da una lettera più attenta dalla stessa enciclica emergono riflessioni e proposte concrete applicabili alla famiglia, tra le quali che: «l'amore misericordioso è sommamente indispensabile tra coloro che sono più vicini: tra i coniugi, tra i genitori e i figli, tra gli amici; esso è indispensabile nell'educazione e nella pastorale» (*DM* n. 14). Queste parole sono la vera chiave per l'applicazione pastorale dell'enciclica. In questa prospettiva l'amore misericordioso viene visto come "programma messianico di Cristo" che, a sua volta, "diviene il programma del suo popolo" e "il programma della Chiesa", punto di partenza per il "progetto uomo". Seguendo l'idea dell'amore misericordioso nella dimensione famiglia si può giungere a ciò che san Giovanni Paolo II spesso chiama, con vigore e con voce profetica, "il nuovo avvento" di questo "tempo d'attesa" nel quale vive oggi il popolo di Dio. Egli offre così una visione programmatica: cf. CH. G. VELLA, *L'amore misericordioso nelle relazioni familiari*, in "Prima lettura della *Dives Misericordia*", 29 (1982).

[34] J. LAFFITTE, *Matrimonio e Misericordia*, op. cit., p. 213.

[35] G. LYDEK, *La misericordia di Dio nella teologia e nella spiritualità del beato Michele Sopoćko*, p. 213.

e il prossimo. La risposta degli uomini all'amore divino consiste nel compiere la volontà di Dio, nel servire lui e nel dedicarsi pienamente alle cose sue, mantenendo la fiducia nella misericordia, attraverso la quale Dio si lascia conoscere».[36] La conoscenza e la contemplazione del mistero della misericordia di Dio, in realtà, sviluppano nei coniugi un atteggiamento di fiducia filiale in Dio e di misericordia verso il prossimo.[37] Ecco perché «la fiducia è tipica dell'atteggiamento del figlio nei confronti di suo padre. Per approfondire il significato che riveste la misericordia nella vita coniugale, conviene riscoprire la realtà sacramentale del Matrimonio. Riscoprire la realtà sacramentale del Matrimonio, a partire dal Concilio Vaticano II e la Costituzione Pastorale *Gaudium et spes*, che ha consacrato uno sviluppo essenziale al Matrimonio, si assiste ad un rinnovamento assai fecondo della riflessione teologica e spirituale sul matrimonio e la famiglia. *Amoris laetitia* è l'ultima di una lunga serie di documenti, tra i quali l'Enciclica *Humanae vitae* e l'Esortazione Apostolica *Familiaris consortio* costituiscono certamente i due apporti fondamentali, come il papa Francesco (*AL* n. 68 e 69), accompagnati da numerosi altri testi, ad esempio la *Lettera alle famiglie del papa San Giovanni Paolo II* e, oggi, *Amoris laetitia*».[38] Lo possiamo affermare tranquillamente «non per sminuire l'importanza di una riflessione pastorale tale, come quella che ci è offerta proprio da *Amoris laetitia*, ma piuttosto per prender nota dell'intenzione del Santo Padre di non proporre alla Chiesa un testo magisteriale, ragione per la quale ha deciso di non richiamare le norme ed i principi dell'etica coniugale».[39] Effettivamente possiamo leggere: «Se si tiene conto dell'innumerevole varietà di situazioni concrete (...), è comprensibile che non ci si dovesse aspettare dal Sinodo o da questa Esortazione una nuova normativa generale di tipo canonico, applicabile a tutti i casi» (*AL* n. 300).

---

[36]*Ibid.*, p. 271.
[37]Cf. G. LYDEK, *Il mistero di Gesù Cristo Misericordioso in santa Faustina Kowalska*, SIGRAF, Pescara 2016, p. 22.
[38]J. LAFFITTE, *Matrimonio e Misericordia*, op. cit., p. 214.
[39]*Ibidem*.

CAPITOLO SECONDO

LA BELLEZZA STRAORDINARIA DELLA REALTÀ DEL MATRIMONIO-SACRAMENTO SPONSALE

Nel precedente capitolo abbiamo esaminato il tema dell'attualità della misericordia nel matrimonio mettendo in luce gli aspetti più rilevanti della vita coniugale. Passiamo ora ad analizzare la bellezza unica ed attraente della realtà sponsale del matrimonio.

Bisogna tener presente che il matrimonio, sin dall'inizio, come sacramento, è presente nello straordinario "disegno sponsale" di Dio Amore-Misericordia. Esso viene descritto con una bellezza unica sin dall'inizio della Bibbia che «si apre con la creazione dell'uomo e della donna ad immagine e somiglianza di Dio e si chiude con la visione delle "nozze dell'Agnello" (*Ap* 19,9). Da un capo all'altro la Scrittura parla del matrimonio e del suo mistero, della sua istituzione e del senso che Dio ha dato ad essso, della sua origine e del suo fine, delle sue diverse realizzazioni lungo tutta la storia della salvezza, delle sue difficoltà derivate dal peccato e del suo rinnovamento "nel Signore" (*1 Cor* 7,39), nella Nuova Alleanza di Cristo e della Chiesa» (*Catechismo della Chiesa Cattolica* n. 602). «Come già nell'Antico Testamento la rivelazione del regno viene spesso proposta con figure, così anche ora l'intima natura della Chiesa si fa conoscere attraverso immagini varie, desunte sia dalla vita pastorale o agricola, sia dalla costruzione di edifici o anche dalla famiglia e dagli sponsali, e già preparate nei libri dei profeti» (*Lumen Gentium* n. 6).

A questo punto, come alla ricerca di un tesoro "vecchio ma sempre nuovo", c'è da riscoprire "l'immagine" straordinaria del matrimonio-sacramento sponsale della famiglia, a partire dal Concilio Vaticano II. Infatti nella Costituzione Pastorale *Gaudium et spes* leggiamo:

> «Cristo Signore ha effuso l'abbondanza delle sue benedizioni su questo amore dai molteplici aspetti, sgorgato dalla fonte della divina carità e strutturato sul modello della sua unione con la Chiesa. Infatti, come un tempo Dio ha preso l'iniziativa di un'alleanza di amore e fedeltà con il suo popolo così ora il Salvatore degli uomini e sposo della Chiesa viene incontro ai coniugi cristiani attraverso il sacramento del matrimonio. Inoltre rimane con loro perché, come egli stesso ha amato la Chiesa e si è dato per essa così anche i coniugi possano amarsi l'un l'altro fedelmente, per sempre, con mutua dedizione. L'autentico amore coniugale è assunto nell'amore divino ed è sostenuto e arricchito dalla forza redentiva del Cristo e dalla azione salvifica della Chiesa, perché i coniugi in maniera efficace siano condotti a Dio e siano aiutati e rafforzati nello svolgimento della sublime missione di padre e madre. Per questo motivo i coniugi cristiani sono fortificati e quasi consacrati da uno speciale sacramento per i doveri e la dignità del loro stato. Ed essi, compiendo con la forza di tale sacramento il loro dovere coniugale e familiare, penetrati dello spirito di Cristo, per mezzo del quale tutta la loro vita è pervasa di fede, speranza e carità, tendono a raggiungere sempre più la propria perfezione e la mutua santificazione, ed assieme rendono gloria a Dio» (n. 48).

Dal brano appena citato si evince che «vivere con fede il sacramento delle nozze significa per gli sposi "far coppia con Gesù", il quale rimane con loro: ciò vuol dire "dare le chiavi di casa" anche a Lui; significa essere in unità così profonda con Lui da vivere tutti gli aspetti della vita coniugale con il suo stesso spirito, che è lo Spirito Santo. Effettivamente, la coppia vive dello Spirito di Gesù. Questo significa amarsi come lui ama, con lui che ama in noi, amarsi "in mondo"».[40] A questo proposito c'è una bellissima espressione della costituzione dogmatica sulla Chiesa *Lumen Gentium* che invita gli sposi a ricordare che:

---

[40]R. BONETTI, *In famiglia la fede fa la differenza*, op. cit., p. 13.

« (...) i coniugi cristiani, in virtù del sacramento del matrimonio, col quale essi sono il segno del mistero di unità e di fecondo onore che intercorre fra Cristo e la Chiesa, e vi partecipano (cf. *Ef* 5,32), si aiutano a vicenda per raggiungere la santità nelle vita coniugale nell'accettazione e nell'educazione della prole, e hanno così, nel loro stato di vita e nel loro ordine, il proprio dono in mezzo al popolo di Dio. Da questo matrimonio infatti, procede la famiglia, nella quale nascono i nuovi cittadini della società umana, i quali per la grazia dello Spirito Santo sono elevati col battesimo allo stato di figli di Dio, per perpetuare attraverso i secoli il suo popolo. In questa che si potrebbe chiamare Chiesa domestica, i genitori devono essere per i loro figli, con la parola e con l'esempio, i primi annunciatori della fede, e secondare la vocazione propria di ognuno, e quella sacra in modo speciale» (n. 11).

Dalla citazione appena menzionata si desume chiaramente che il matrimonio come sacramento è "il segno del mistero di unità e di fecondo amore" tra Cristo-Sposo e la Chiesa-sposa". Non solo, esso diventa anche la chiamata specifica alla santità nell'accettazione e nell'educazione dei figli. In più, si può affermare che «per sua indole naturale, l'istituto stesso del matrimonio e l'amore coniugale sono ordinati alla procreazione e all'educazione della prole e in essa i coniugi trovano il loro coronamento» (*CCC* n. 1652). Per questo motivo «i figli sono il preziosissimo dono del matrimonio e contribuiscono moltissimo al bene degli stessi genitori (*CCC* n. 1652). Infatti, lo stesso Dio che disse: «Non è bene che l'uomo sia solo» (*Gn* 2,18) e che «creò all'inizio l'uomo maschio e femmina» (*Mt* 19,4), volendo comunicare all'uomo una certa speciale partecipazione nella sua opera creatrice, benedisse l'uomo e la donna, dicendo loro: "crescete e moltiplicatevi" (*Gn* 1,28). Di conseguenza la vera pratica dell'amore coniugale e tutta la struttura della vita familiare che ne nasce, senza posporre gli altri fini del matrimonio, a questo tendono che i coniugi, con fortezza d'animo, siano disposti a cooperare con l'amore del Creatore e del Salvatore, che attraverso di loro continuamente dilata e arricchisce la sua famiglia» (*CCC* n. 1652). Ecco così che «l'effetto primario e, nello stesso tempo immediato, del matrimonio è il vincolo coniugale cristiano, una comunione a due tipicamente cristiana in quanto rappresentativa del mistero dell'Incarnazione di Cristo e del Suo mistero di alleanza».[41] In realtà «è così dunque una partecipazione degli sposi all'offerta della vita di Cristo; poiché gli sposi manifestano pubblicamente la loro appartenenza alla Chiesa per mezzo di un dono che li unisce in Cristo, quel dono appartiene alla Chiesa. La partecipazione degli sposi al mistero nuziale di Cristo e della Chiesa è un dato oggettivo e permanente; essa è pubblica, e dunque visibile, talché la realtà della loro vita comune diventa un segno efficace del mistero d'amore di Cristo per la Sua Chiesa»[42]. A tale riguardo l'Enciclica *Humanae vitae* del papa beato Paolo VI esorta gli sposi a tener presente che:

> «l'amore coniugale rivela massimamente la sua vera natura e nobiltà quando è considerato nella sua sorgente suprema, Dio, che è "Amore", che è "il Padre" da cui ogni paternità, in cielo e in terra, trae il suo nome. Il matrimonio non è quindi effetto del caso o prodotto della evoluzione di inconsce forze naturali: è stato sapientemente e provvidenzialmente istituito da Dio creatore per realizzare nell'umanità il suo disegno di amore. Per mezzo della reciproca donazione personale, loro propria ed esclusiva, gli sposi tendono alla comunione delle loro persone, con la quale si perfezionano a vicenda, per collaborare con Dio alla generazione e alla educazione di nuove vite. Per i battezzati, poi, il matrimonio riveste la dignità di segno sacramentale della grazia, in quanto rappresenta l'unione di Cristo e della chiesa» (n. 8).

La visione di cui parla il testo magisteriale sul matrimonio, in quanto segno sacramentale della grazia, coincide perfettamente con l'idea del matrimonio

---

[41] J. LAFFITTE, *Matrimonio e Misericordia*, op. cit., p. 215.
[42] *Ibidem.*

come "segno sacramentale della misericordia di Dio". Possiamo costatare che, successivamente a questa visione papale, si è cercato di approfondire dal punto di vista teologico la sacramentalità del matrimonio. Ed è stato così che «nell'ottobre del 1977, tra i problemi dottrinali del matrimonio cristiano, oggetto della sessione plenaria della *Commissione Teologica Internazionale*, venne affrontata la questione della sacramentalità. Una delle tesi è stata formulata da G. Martelet. Essa dice che vita degli sposi è «la speciale effusione dello Spirito che è propria del sacramento, fa sì che l'amore di queste coppie diventi l'immagine stessa dell'amore che Cristo ha per la Chiesa»[43]. Giovanni Paolo II, quatto anni più tardi, nell'Esortazione post-sinodale *Familiaris consortio*, ha formulato la tesi sulla vita coniugale ancora più esplicita.[44] Essa dice che:

> «l'amore coniugale comporta una totalità in cui entrano tutte le componenti della persona - richiamo del corpo e dell'istinto, forza del sentimento e dell'affettività, aspirazione dello spirito e della volontà; esso mira ad una unità profondamente personale, quella che, al di là dell'unione in una sola carne, conduce a non fare che un cuor solo e un'anima sola» (n. 13).

In questa unità tra Cristo-Sposo e Chiesa-Sposa troviamo il principio fondamentale dell'amore coniugale che conduce a "una cosa sola". Qui può sorgere la domanda al contrario, e cioè, «in che senso possiamo dire che l'amore degli sposi diventa immagine dell'amore di Cristo per la Chiesa? Certamente la risposta non può essere legata al piacere di uno sviluppo simbolico, perché poi caricherebbe sulle spalle delle persone coniugate soltanto un peso sproporzionato; la risposta va trovate nel vincolo fra i due coniugi che "diventa" appunto quello della misericordia.[45] In altre parole, «il dono che Cristo fa alla Chiesa della Sua persona è stato realizzato nella Sua umanità. Esso non

[43] COMMISSIONE TEOLOGICA INTERNAZIONALE, *La dottrina cattolica sul sacramento del matrimonio* (*16 tesi cristologice di P. Martelet*), Roma 1977, p. 7.
[44] J. LAFFITTE, *Matrimonio e Misericordia*, op. cit., p. 214.
[45] Cf. *ibidem*.

appartiene ad una sfera ideale o inaccessibile, anzi è concretamente realizzabile nella natura umana, quando essa non è macchiata dal peccato. Bisogna riconoscere subito, però, che è impossibile comprendere questo mistero di vincolo della misericordia al di fuori del sacrificio eucaristico»[46]. Infatti, Gesù negli sposi «ri-esprime il suo amore che ama fino a dare la sua vita, a donare il suo corpo nell'eucaristia. Ovvero, Gesù coinvolge gli sposi nelle sue Nozze, per dire al mondo la bellezza e la chiamata straordinaria di ogni persona nelle nozze definitive»[47]. Accade così che l'immagine degli sposi rispecchia bene l'immagine straordinaria dell'amore di Cristo per la Sposa-Chiesa, perché loro due «in questa terra sono un riflesso della Trinità».[48] Diremo che gli sposi sono «sacramento di Dio, sacramento di Gesù che ama fino a dare tutto per amore».[49] Tanto è vero che solo

> «così quando gli sposi cristiani, fidando nella divina Provvidenza e coltivando lo spirito di sacrificio, svolgono il loro ruolo procreatore e si assumono generosamente le loro responsabilità umane e cristiane, glorificano il Creatore e tendono alla perfezione cristiana» (*GS* n. 50).

Gli sposi in questo continuo «donarsi l'uno all'altro con l'offerta delle loro proprie vite, unendolo all'offerta di Cristo per la sua Chiesa, resa presente nel sacrificio eucaristico (…) formano un corpo solo in Cristo» (*CCC* n. 1621). I coniugi invece, «ai quali Dio non ha concesso di avere figli, possono nondimeno avere una vita coniugale piena di senso, umanamente e cristianamente. Il loro matrimonio può risplendere di una fecondità di carità, di accoglienza e di sacrificio» (*CCC* n. 1654).

Teniamo presente che, quando parliamo sul "formare un solo corpo in Cristo", tocchiamo il misero della sacramentalità e della ministerialità degli

---

[46]*Ibidem.*
[47]R. BONETTI, *In famiglia la fede fa la differenza*, op. cit., p. 10.
[48]*Ibidem.*
[49]*Ibidem.*

sposi. Per questo vale la pena prendere in considerazione «i dibattiti teologici degli ultimi anni che hanno ruotato attorno ai temi della sacramentalità e della ministerialità degli sposi. Infatti, papa Francesco ha dedicato in *Amoris laetitia* un paragrafo alla ministerialità dei coniugi, senza però sviluppare la sacramentalità dell'unione tra battezzati. Il papa, alla visione classica, di una realtà naturale elevata alla dignità sacramentale, ha evidenziato bene una prospettiva che restituisce il matrimonio al cuore della sacramentalità della Chiesa. In altre parole, ciò che vale per l'insieme dei Sacramenti, che si comprendono tutti in funzione del mistero che unisce Cristo alla Sua Chiesa, vale in modo del tutto speciale per il sacramento del matrimonio. Esattamente perché, la comunità di vita e d'amore formata dalla coppia cristiana esprime, raffigura ed incarna l'unione nuziale di Cristo e della Chiesa. E così abbiamo dunque una realtà ecclesiale del matrimonio che è primordiale. Ecco perché, *Familiaris consortio* non aveva mancato a suo tempo, di metterla in risalto»[50]:

> «Infatti, mediante il battesimo, l'uomo e la donna sono definitivamente inseriti nella Nuova ed Eterna Alleanza, nell'Alleanza sponsale di Cristo con la Chiesa. Ed è in ragione di questo indistruttibile inserimento che l'intima comunità di vita e di amore coniugale fondata dal Creatore, viene elevata ed assunta nella carità sponsale del Cristo, sostenuta ed arricchita dalla sua forza redentrice» (n. 13).

In realtà, l'amore sponsale è «per tutti i cristiani, e quindi per tutte le famiglie, perché ogni persona è fatta ad immagine e somiglianza di Dio ed ogni persona è amata da Dio infinitamente; ogni persona va rispettata ed amata per la sua dignità».[51] E per questo che «Gesù stesso non ha esitato a dire: "Tutto quello che avete fatto a uno solo di questi fratelli più piccoli, l'avete fatto a me" (*Mt* 25,42-42). É un obbligo di vita al quale nessun cristiano può sottrarsi, senza correre il rischio di costruire passo dopo passo la nostra condanna eterna (...).

[50] J. LAFFITTE, *Matrimonio e Misericordia*, op. cit., p. 214.
[51] R. BONETTI, *In famiglia la fede fa la differenza*, op. cit., p. 62.

Questa attenzione alla persona che la famiglia è chiamata ad avere e che condivide con tutti i battezzati, assume vari risvolti nella vita di tutti i giorni e diventa luce nel mondo, luce per quanti camminano con noi, perché è attenzione data alla persona in tutte le fasi della sua vita: dal concepimento fino alla conclusione naturale, e non c'è la malattia che tolga dignità alla vita».[52]

Il battesimo per i coniugi è, indubbiamente, «il "principio" sacramentale del matrimonio nello stato della giustizia (o innocenza) originaria. Per questo, possiamo notare che l'eredità della grazia è stata respinta dal cuore umano al momento della rottura della prima alleanza con il Creatore. La prospettiva della procreazione, invece di essere illuminata dall'eredità della grazia originaria, donata da Dio non appena infusa l'anima razionale, è stata offuscata dalla eredità del peccato originale».[53] Notiamo che il matrimonio come sacramento primordiale è stato privato di quella efficacia soprannaturale. In altre parole, al momento della istituzione del matrimonio, esso attingeva al sacramento della creazione nella sua globalità. Costatiamo che, nonostante lo stato della peccaminosità ereditaria dell'uomo, il matrimonio non cessò mai di essere la figura di quel sacramento, di cui leggiamo nella lettera agli Efesini (5,22-33). In esso, come già abbiamo accennato nel primo capitolo della nostra riflessione, san Paolo la definisce "grande mistero". Qui possiamo dire che «il matrimonio sia rimasto quale piattaforma dell'attuazione degli eterni disegni di Dio-Amore, secondo i quali il sacramento della creazione aveva avvicinato gli uomini alla sua infinita misericordia e li aveva preparati al sacramento della redenzione, introducendoli nella dimensione dell'opera della salvezza».[54]

Secondo san Giovanni Paolo II «l'analisi della lettera agli Efesini, e in particolare del "classico" testo del capo 5, versetti 22-33, sembra propendere per

[52]*Ibidem.*
[53]GIOVANNI PAOLO II, *La perdita del sacramento originale reintegrata con la redenzione del matrimonio-sacramento, mercoledì, 13 ottobre 1982*, in *Insegnamenti di Giovanni Paolo II*, I - 1983, LEV, Città del Vaticano 1983, p. 200.
[54]*Ibidem.*

una tale conclusione».[55] In realtà san Paolo, «al versetto 31, fa riferimento alle parole dell'istituzione del matrimonio, contenute nella Genesi: «Per questo l'uomo abbandonerà suo padre e sua madre e si unirà a sua moglie e i due saranno una sola carne (*Gen* 2,24)»,[56] e subito dopo dichiara: «Questo mistero è grande; lo dico in riferimento a Cristo e alla Chiesa» (*Ef* 5,32). Qui «sembra indicare non soltanto l'identità del mistero nascosto in Dio dall'eternità, ma anche quella continuità della sua attuazione che esiste tra il sacramento primordiale connesso alla gratificazione soprannaturale dell'uomo nella creazione stessa e la nuova gratificazione»[57] - avvenuta quando «Cristo ha amato la Chiesa e ha dato se stesso per lei, per renderla santa (...)» (*Ef* 5,25-26). Possiamo definire la gratificazione nel suo insieme quale sacramento della redenzione. In questo dono redentore di sé stesso "per" la Chiesa, è anche racchiuso - secondo il pensiero paolino - il dono di sé da parte di Cristo alla Chiesa, ad immagine del rapporto sponsale che unisce marito e moglie nel matrimonio. In tal modo il sacramento della redenzione riveste, in un certo senso, la figura e la forma del sacramento primordiale. «Al matrimonio del primo marito e della prima moglie, quale segno della gratificazione soprannaturale dell'uomo nel sacramento della creazione, corrisponde lo sposalizio, o piuttosto l'analogia dello sposalizio, di Cristo con la Chiesa, quale fondamentale "grande" segno della gratificazione soprannaturale dell'uomo nel sacramento della redenzione, della gratificazione, in cui si rinnova, in modo definitivo, l'alleanza della grazia di elezione, infranta al "principio" con il peccato».[58]

Notiamo che «l'immagine contenuta nel passo citato della Lettera agli Efesini sembra parlare soprattutto del sacramento della redenzione come della definitiva attuazione del mistero nascosto dall'eternità in Dio».[59] In questo "mistero grande" si realizza appunto definitivamente tutto ciò, di cui la medesima Lettera agli

[55]*Ibid.*, p. 201.
[56]*Ibidem.*
[57]*Ibidem.*
[58]*Ibidem.*
[59]*Ibid.*, p. 202.

Efesini aveva trattato nel capitolo primo. Infatti, essa dice non soltanto: «in lui ci ha scelti prima della creazione del mondo, per essere santi e immacolati al suo cospetto (…)» (*Ef* 1,4), ma anche: «nel quale abbiamo la redenzione mediante il suo sangue, la remissione dei peccati, secondo la ricchezza della sua grazia. Egli l'ha abbondantemente riversata su di noi (...)» (*Ef* 1,7-8).[60]

Ecco perché la nuova gratificazione soprannaturale dell'uomo nel "sacramento della redenzione" è anche una nuova attuazione del mistero nascosto dall'eternità in Dio, nuova in rapporto al "sacramento della creazione". Si può affermare che, in certo senso, la gratificazione è una "nuova creazione". Consideriamo però che si differenzia dal "sacramento della creazione" in quanto la gratificazione originaria, unita alla creazione dell'uomo, costituiva quell'uomo "dal principio", mediante la grazia, nello stato della originaria innocenza e giustizia. La nuova gratificazione dell'uomo nel sacramento della redenzione gli dona invece soprattutto la "remissione dei peccati". Tuttavia, anche qui può "sovrabbondare la grazia", come altrove si esprime san Paolo:[61] «Laddove è abbondato il peccato, ha sovrabbondato la grazia» (*Rm* 5,20).

Il sacramento della redenzione - frutto dell'amore redentore di Cristo - diviene, in base al suo amore sponsale verso la Chiesa, una permanente dimensione della vita della Chiesa stessa, dimensione fondamentale e vivificante. E il "mistero grande" di Cristo e della Chiesa: mistero eterno realizzato da Cristo, il quale «ha dato sé stesso per lei» (*Ef* 5,25); mistero che si attua continuamente nella Chiesa, perché Cristo «ha amato la Chiesa» (*Ef* 5,25), unendosi con essa con amore indissolubile, così come si uniscono gli sposi, marito e moglie, nel matrimonio. In questo modo la Chiesa vive del sacramento della redenzione, e a sua volta completa questo sacramento come la moglie, in virtù dell'amore sponsale, completa il proprio marito, il che venne in certo modo già posto in

---

[60]*Ibidem.*
[61]Cf. *ibidem.*

rilievo "al principio", quando il primo uomo trovò nella prima donna[62] «un aiuto che gli era simile» (*Gen* 2,20).

Osserviamo però che l'analogia della Lettera agli Efesini non lo precisi, possiamo tuttavia aggiungere che anche la Chiesa unita con Cristo, come la moglie col proprio marito, attinge dal sacramento della redenzione tutta la sua fecondità e maternità spirituale. Ne testimoniano, in qualche modo, le parole della Lettera di san Pietro, quando scrive che siamo stati «rigenerati non da un seme corruttibile, ma immortale, cioè dalla parola di Dio viva ed eterna» (*1Pt* 1,23). Così il mistero nascosto dall'eternità in Dio - mistero che al "principio", nel sacramento della creazione, divenne una realtà visibile attraverso l'unione del primo uomo e della prima donna nella prospettiva del matrimonio – diventa, nel sacramento della redenzione, una realtà visibile nell'unione indissolubile di Cristo con la Chiesa, che l'Autore della Lettera agli Efesini presenta come l'unione sponsale dei coniugi, marito e moglie.[63]

Teniamo presente che «il "sacramento grande"[64] della Lettera agli Efesini parla della nuova realizzazione del mistero nascosto dall'eternità in Dio, e cioè della realizzazione definitiva dal punto di vista della storia terrena della salvezza. Parla inoltre del come rendere visibile il mistero dell'Invisibile. Tale visibilità non elimina il mistero. Ciò si riferiva al matrimonio costituito al "principio", nello stato dell'innocenza originaria, nel contesto del sacramento della creazione. Nel Nuovo Testamento rispecchia l'unione di Cristo con la Chiesa, quale "mistero grande" del sacramento della redenzione. Potremo dire che in un certo senso la visibilità dell'Invisibile non significa una totale chiarezza del mistero. Esso, come oggetto della fede, rimane velato anche attraverso ciò in cui appunto si esprime e si attua. La visibilità dell'Invisibile appartiene quindi all'ordine dei segni, e il "segno" indica soltanto la realtà del mistero, ma non la "svela". Infatti, come il "primo Adamo" - l'uomo, maschio e femmina - creato nello stato dell'innocenza

[62]Cf. *ibid.*, p. 203.
[63]Cf. *ibidem.*
[64]Il testo greco dice: *tò mysterion toûto méga estín.*

originaria e chiamato in questo stato all'unione coniugale,[65] fu segno dell'eterno mistero, così il "secondo Adamo", Cristo, unito con la Chiesa attraverso il sacramento della redenzione con un vincolo indissolubile, analogo all'indissolubile alleanza dei coniugi, è segno definitivo dello stesso mistero eterno, e cioè nuziale».[66] Infatti, «questo mistero nuziale è il cuore della rivelazione cristiana, perché rivela la tipologia e il significato ultimo di ogni relazione: Dio in sé, di Dio con ogni persona, delle persone tra loro».[67]

Per questo, «parlando del realizzarsi dell'eterno mistero, parliamo anche del fatto che esso diventa visibile con la visibilità del segno»[68] profetico e di misericordia. «E perciò possiamo parlare pure della "sacramentalità" di tutta l'eredità del sacramento della redenzione, in riferimento all'intera opera della creazione e della redenzione. Tanto più, possiamo parlare in riferimento alla bellezza straordinaria della realtà del matrimonio, istituito nel contesto del sacramento della creazione, come anche in riferimento alla Chiesa come sposa di Cristo, dotata di un'alleanza quasi coniugale con lui».[69]

---

[65]Consideriamo che in questo senso parliamo del sacramento della creazione.
[66]GIOVANNI PAOLO II, *La perdita del sacramento originale reintegrata con la redenzione del matrimonio-sacramento*, op. cit., p. 203.
[67]R. BONETTI, *Il prete: uno sposo*, op. cit., p. 61.
[68]GIOVANNI PAOLO II, *La perdita del sacramento originale reintegrata con la redenzione del matrimonio-sacramento*, op. cit., p. 203.
[69]*Ibidem*.

CAPITOLO TERZO

IL MATRIMONIO FONTE DI GIOIA E DI GRAZIA

Nel secondo capitolo della nostra riflessione abbiamo scritto di bellezza del matrimonio in quanto sacramento sponsale: è arrivato il momento nel quale volgere lo sguardo oltre che alla mediazione sul sacramento sponsale come fonte di gioia, anche a quello di grazia, e cioè della misericordia.

Papa Francesco nell'*Amoris Laetitia*, nel solco della Tradizione della Chiesa, evidenzia la visione ecclesiale sul matrimonio che riaccende l'attenzione fondamentale sui valori dell'amore unitivo, la fecondità, la fedeltà, l'indissolubilità e la fonte di gioia e di grazia, come percorso «verso una piena amicizia con il Signore» (n. 77). Diremo che il valore naturale dell'unione fra gli sposi trova nel sacramento la sua piena dimensione simbolica e di grazia. Tanto è vero che «con intima gioia e profonda consolazione, la Chiesa guarda alle famiglie che restano fedeli all'insegnamento del Vangelo, ringraziandole e incoraggiandole per la testimonianza che offrono. Grazie ad esse, infatti, è resa credibile la bellezza del matrimonio indissolubile e fedele per sempre» (n. 86). Nel sacramento matrimoniale, l'amore fedele diventa fecondo, ma nello stesso tempo è anche una risorsa inesauribile di gioia e di grazia. I coniugi, coltivando tutti giorni il desiderio di rimanere fedeli al Vangelo, amandosi reciprocamente, diventano il segno visibile di grazia e cioè di misericordia. Dio, amando incessantemente gli sposi, si lascia amare da loro. Gli sposi amandosi reciprocamente con l'amore fedele, benigno, paziente, amano Dio, che è presente nella loro unione sacramentale e diventano il segno della carità e della misericordia nel mondo. Per questo, il lungo commento del papa Francesco al passo paolino, (*1Cor* 13,4-7) nell'*Amoris Laetitia,* raccoglie sia l'altezza dell'ideale e della grazia, sia il senso realistico del limite e delle possibilità. Il solo elenco dei sottotitoli consente di entrare nella dimensione simbolica dell'amore: pazienza, benevolenza, non invidia, non vanto, amabilità, distacco, non violenza, perdono, letizia, scusa, fiducia, speranza e sopportazione. La carità coniugale «è l'amore che unisce gli sposi, santificato, arricchito e illuminato dalla grazia del sacramento del matrimonio. È un'unione affettiva, spirituale e oblativa, che però raccoglie in sé la tenerezza dell'amicizia e la passione erotica, benché sia in grado di sussistere anche quando i sentimenti e la passione si indebolissero» (*AL* n. 120). Possiamo dire che nella carità coniugale, nel modo di vivere l'unione degli sposi, si trova la vera ed inesauribile risorsa della gioia profonda e della speranza che diventa garanzia per la buona riuscita del matrimonio duraturo.

Teniamo presente, però, che «non si deve gettare sopra due persone limitate il tremendo peso di dover riprodurre in maniera perfetta l'unione che esiste tra Cristo e la sua Chiesa» (*AL* n. 122). Così è proposto il dato istituzionale, ma il Papa dichiara alle giovane coppie:

> «Voglio dire ai giovani che nulla di tutto questo viene pregiudicato quando l'amore assume le modalità dell'istituzione matrimoniale. L'unione trova in tale istituzione il modo di incanalare la sua stabilità e la sua crescita reale e concreta. È vero che l'amore è molto più di un consenso esterno o di una forma di contratto matrimoniale, ma è altrettanto certo che la decisione di dare al matrimonio una configurazione visibile nella società manifesta la sua rilevanza» (*AL* n. 131).

Per questo motivo, occorre la "naturale" trasmissione gioiosa della testimonianza da parte dei coniugi di un amore sponsale, privo di un perfezionismo esagerato. Testimoniare, però, un amore «senza piacere né passione non è sufficiente a simboleggiare l'unione del cuore umano con Dio» (*AL* n. 142). Notiamo che «la maturità giunge in una famiglia quando la vita emotiva dei suoi membri si trasforma in una sensibilità che non domina, né oscura le grandi opzioni e i valori, ma che asseconda la loro libertà, sorge da essa, la arricchisce, la abbellisce e la rende più armoniosa per il bene di tutti» (*AL* n. 146). A riguardo del rapporto uomo-donna possiamo aggiungere ancora che comunque «c'è bisogno di liberarsi dall'obbligo di essere uguali» (*AL* n. 139), perché oggi, purtroppo, «l'uomo e la donna sono minacciati dall'insaziabilità» (*AL* n. 155).

In tutto ciò c'è un dinamismo profondo nell'amore, che si arricchisce e modifica secondo le stagioni della vita e che si apre alla fecondità. Essa è «il dono e il potere di dare vita, di far crescere e condurre a maturità e pienezza, in una prospettiva senza confini, che chiama a generare figli di Dio».[70] Sicuramente il dono del figlio è una partecipazione al mistero della creazione che scatena i sogni migliori. La positività dell'emancipazione femminile deve fare i conti con la sua genialità propria, mentre va affermato oggi il rilievo della paternità, infatti, il Papa ne dà la conferma dicendo: «il problema dei nostri giorni non sembra essere più tanto la presenza invadente dei padri, quanto piuttosto la loro assenza, la loro latitanza» (*AL* n. 176). Solo con la presenza del padre e della madre, la famiglia si potrà aprire alla sua responsabilità sociale e ai legami intergenerazionali.

Sul piano della pastorale, invece, l'invito centrale di papa Francesco è quello di trasmettere la gioia che riempie il cuore e la vita del Vangelo della famiglia, con l'imperativo di discernere e accompagnare il cammino dei fidanzati e degli sposi. Secondo il Papa ogni «cristiano è un uomo e una donna di gioia».[71] La gioia del cristiano, però, non è l'allegria che viene da motivi congiunturali, ma è sempre un dono del Signore che riempie il cuore dentro. Per questo tutti i coniugi cristiani dovrebbero essere i testimoni di questa gioia, quella vera però, che può dare soltanto Gesù Cristo. Basterebbe meditare sull'atteggiamento

[70]R. BONETTI, *Il prete: uno sposo*, op. cit., p. 68.
[71]JORGE MARIO BERGOGLIO, *Omelie del mattino nella Cappella Domus Sanctae Marthae*, vol. 1, LEV, Città del Vaticano 2016, p. 111.

gioioso dei discepoli, tra l'Ascensione e la Pentecoste, per capire il dono della vera gioia.[72] La domanda è: "come il marito e la moglie possono sperimentare la gioia nella loro vita cristiana e coniugale?". La risposta è: "anche i coniugi cristiani possono attraversare periodi di tristezza e di depressione". Ora, possiamo trarre alcuni esempi di ciò nella Sacra Scrittura.

Infatti, a mo' d'esempio, va ricordato Giobbe che ha desiderato di non essere mai nato (cf. *Gb* 3,11). Un altro esempio significativo è Davide che ha pregato di essere portato via in un posto, dove non avrebbe dovuto fare i conti con la realtà (cf. *Sal* 55,6-8). Un altro ancora è Elia che, pur avendo sconfitto quattrocentocinquanta profeti di *Baal* facendo scendere il fuoco dal cielo (cf. *1 Re* 18,16-46), fuggì nel deserto e chiese a Dio di prendere la sua vita (cf. *1 Re* 19,3-5). Come dunque i coniugi possono affrontare questi periodi nei quali non c'è gioia? Notiamo che i personaggi appena menzionati hanno superato questi episodi di depressione in vari modi.

Secondo Giobbe se si prega e si ricordano le benedizioni di Dio, Egli ridonerà la gioia e la giustizia (cf. *Gb* 33,26). Secondo Davide invece, lo studio della Parola di Dio dona la gioia (cf. *Sal* 19,8), e poi, si rese conto che aveva bisogno di lodare Dio anche nella disperazione (cf. *Sal* 42,5). Nel caso di Elia, Dio lo lasciò riposare per un breve tempo e dopo mandò Eliseo ad aiutarlo (cf. *1 Re* 19,19-21). Per questo i coniugi cristiani hanno bisogno di altri coniugi amici, che possano condividere i loro dolori e le loro sofferenze. La condivisione amichevole diventa una risorsa efficace per affrontare i periodi privi di gioia e serve di aiuto ai coniugi per poter scoprire che anche altri, come loro, hanno lottato contro le stesse difficoltà.

La cosa fondamentale è capire che, se i coniugi pensano continuamente a loro stessi, ai loro problemi, ai loro dolori ed in particolare al loro passato, non possederanno mai la vera gioia del Signore. Indubbiamente la vera gioia non si trova nel materialismo, né nei piaceri della carne, né nei falsi dei, né

---

[72]Cf. *Ibid.*

nell'autoreferenzialità ecc. ecc., e certamente non si trova nell'essere ossessionati da sé stessi. Essa si trova, invece, come già abbiamo ribadito sopra, solo in Cristo. Infatti solo nella persona di Cristo la coppia dei coniugi troverà la vera fonte di gioia, di sapienza, di forza, di ricchezza e di misericordia. Se il marito e la moglie dimorano in Lui, se si immergono nella Parola dello Sposo e cercano di conoscerlo in modo più intimo, allora la loro «gioia sarà piena» (*Gv* 15,1-11).

Teniamo presente che, grazie all'azione dello Spirito Santo, i coniugi possono trovare la gioia autentica e profonda (cf. *Sal* 51,11-12; *Gal* 5,22; *1 Ts* 1,6). Essi, però, non possono fare nulla senza la potenza di Dio (*2 Cor* 12,10; 13,4), anzi, più provano d'essere gioiosi attraverso i loro sforzi, più diventano miserabili.

Così, «per guarire le ferite del peccato, l'uomo e la donna hanno bisogno dell'aiuto della grazia che Dio, nella sua infinita misericordia, non ha loro mai rifiutato. Senza questo aiuto, l'uomo e la donna non possono giungere a realizzare l'unione delle loro vite, in vista della quale Dio li ha creati da principio» (*CCC* n. 1608). Bisogna dire che «nella sua misericordia, Dio non ha abbandonato l'uomo peccatore. Le sofferenze che derivano dal peccato, i dolori del parto, il lavoro "con il sudore del tuo volto" (*Gn* 3,19) costituiscono anche dei rimedi che attenuano i danni del peccato. Dopo la caduta, il matrimonio aiuta a vincere il ripiegamento su di sé, "l'egoismo", la ricerca del proprio piacere, e ad aprirsi all'altro, all'aiuto vicendevole, al dono di sé». (*CCC* n. 1609).

Per questo motivo lo Spirito Santo continua ad "uscire fuori" dalla Trinità nell'infinita misericordia verso l'umanità decaduta, donandole l'amore compassionevole, la felicità, la perfezione e la gioia. Infatti, nel beato don Michele Sopoćko leggiamo:

«L'infinita misericordia di Dio Padre, Figlio e Spirito Santo, verso l'uomo decaduto, è l'amore di Dio verso il genere umano in un significato più ampio, poiché non si tratta di un amore che si compiace nella perfezione, ma un amore compassionevole verso la miseria umana (...)».[73]

Possiamo dire che la misericordia dello Spirito Santo permette ai coniugi di sperimentare o addirittura gustare un'intima beatitudine; perché solleva e allarga il cuore, dona la vera gioia e la speranza, suscita la felicità, la pace e la capacità di "essere misericordiosi".[74] Ecco perché san Paolo afferma: «il Dio della speranza vi riempia di ogni gioia e pace nella fede, perché abbondiate nella speranza per la virtù dello Spirito Santo (*Rm* 15,13)».

La misericordia di Dio, che la Chiesa cerca non solo di professare, ma anche di attuare nel mondo, va proclamata con gioia, diffondendo nella gioia «la misericordia di Dio che non solo perdona i peccati degli uomini, ma li aiuta anche nel cammino di conversione. Come una buona madre allontana le spine dal suo bambino per impedirgli di farsi male in luoghi pericolosi, così Dio toglie le spine da sotto i piedi per la conversione degli uomini e per farli vivere con Lui. Il Signore dimentica le loro iniquità per condurli alla gioia del cielo».[75] In altre parole, questo gioioso annuncio della misericordia dovrebbe avvenire da famiglia a famiglia, tramite quello che papa Francesco durante il Sinodo sulla famiglia aveva chiamato il ministero "dei simili ai simili". I vescovi nel *Messaggio del Sinodo* hanno definito questo atteggiamento come "servizio di reciproco aiuto tra persone che vivono lo stesso stato di vita, come una parte importante di tutto l'apostolato"[76].

Esattamente in questo senso devono essere promosse "le nuove forme della pastorale famigliare" per gli sposi e i loro figli. Andrebbe, inoltre, promossa e sviluppata una efficace spiritualità familiare, che a volte manca ancora di una sua specificità, derivante in qualche modo, direttamente, dall'esperienza di vita

[73]M. SOPOĆKO, *Miłosierdzie Boga w dziełach Jego*, vol. I, KMB, Białystok 2008, p. 205.
[74]Cf. G. LYDEK, *La misericordia di Dio*, op. cit. p. 140.
[75]*Ibid.*, p. 130.
[76]Cf. L. BALDISSERI (ed.), *La vocazione e la missione della famiglia nella Chiesa e nel mondo contemporaneo*, LEV, Città del Vaticano 2016, p. 201.

delle coppie e delle famiglie stesse, uno "specifico" che con la *Dives in Misericordia* di san Giovanni Paolo II può indubbiamente essere riscoperto. Occorre evitare, però, di ridurre la spiritualità familiare a qualcosa di idealistico e astratto. La spiritualità familiare non è qualcosa di giustapposto al matrimonio: è l'effetto della grazia sacramentale di quest'ultimo. Essa dunque si nutre della vita quotidiana in famiglia, che acquista il suo più vero e profondo senso nel Signore - fonte vera di gioia e di grazia.[77]

Per questo, alla centralità delle parrocchie si potrebbe affiancare, oggi molto attuale ed efficace, il progetto del "Mistero grande" fondato e guidato da mons. Renzo Bonetti[78] insieme alle numerose coppie di sposi.[79] Tutto ciò è per «aiutare a scoprire che una crisi superata non porta ad una relazione meno intensa, ma a migliorare, a sedimentare e a maturare il vino dell'unione» (*AL* n. 232). Oggi la pastorale familiare ha il compito di affrontare alcune sfide nello stile misericordioso, sereno e gioioso, soprattutto per casi difficili o sfidanti, come i matrimoni interconfessionali, interreligiosi, monoparentali, impostando da subito l'atteggiamento positivo della comunione, dell'accompagnamento, del discernimento, della comprensione.[80]

---

[77]Cf. G. CHARLES, *L'Amore misericordioso nelle relazioni famigliari*, in "A.C.I", Collevalenza 28 Novembre 1981, pp. 34-35.

[78]Mons. Renzo Bonetti è oggi Presidente della Fondazione Famiglia Dono Grande, avendo voluto dedicare tutto il suo tempo al progetto Mistero Grande. Dal 1995 al 2002 è stato Direttore dell'Ufficio Nazionale per la Pastorale della Famiglia della Conferenza Episcopale Italiana. Dal 2003 al 2009 è stato Consultore del Pontificio Consiglio per la Famiglia. In questo periodo, tra le altre attività, ha promosso il Master biennale in "Scienze del Matrimonio e della Famiglia" in collaborazione con il Pontificio Istituto "Giovanni Paolo II", le Settimane estive di Formazione e le Settimane Nazionali di studi sulla spiritualità coniugale e familiare. Dal 2001 al 2006 ha coordinato il Progetto Parrocchia - Famiglia della CEI, un "laboratorio di ricerca" avente lo scopo di individuare nuovi percorsi di partecipazione della famiglia alla vita della parrocchia. Da questo progetto sono nate, in diverse diocesi italiane, le esperienze pastorali delle Comunità Familiari di Evangelizzazione (CFE) diffuse in circa 25 diocesi in Italia e altre diocesi della Romania e degli Stati Uniti. Dal 2002 al 2012 è stato parroco di Bovolone nella diocesi di Verona. Dal 2010 è Presidente della Fondazione "Famiglia Dono Grande", il cui fine ultimo è quello di far conoscere e far vivere la Famiglia, il Dono Grande per il futuro dei nostri figli e delle future generazioni, sostenendo chi ne soffre la mancanza o l'incompiutezza e sollecitando chi la vive a mettersi a servizio degli altri. Nel 2015 è stato nominato membro del comitato scientifico della fondazione vaticana Centro Internazionale Famiglia di Nazareth: http://www.misterogrande.org/don-renzo/

[79]Vedi: www.misterogrande.org

[80]Cf. G. CHARLES, *L'Amore misericordioso nelle relazioni famigliari*, op. cit., p. 36.

CAPITOLO QUARTO

IL SACRAMENTO DEL MATRIMONIO SEGNO VISIBILE DELLA MISERICORDIA

Nel terzo capitolo abbiamo incentrato le nostre riflessioni sul sacramento sponsale come fonte di gioia e di grazia; ora cercheremo di gettare luce sul matrimonio che diventa il segno visibile della misericordia di Dio.

Sin dall'inizio della nostra riflessione abbiamo sottolineato che tutti i sacramenti sono i segni visibili ed efficaci della grazia invisibile di Cristo, e cioè della misericordia di Dio. In ciascuno di essi lo stesso Signore Risorto opera attraverso il ministro, agendo nella vita del credente, che riceve il dono di una nuova dignità e di una nuova grazia santificante, per opera dello Spirito Santo.

La Chiesa insegna che i sacramenti, istituiti da Cristo, "sgorgati" dal Suo Sacro Cuore,[81] testimoniati nella Sacra Scrittura e insegnati dai Padri della Chiesa, sono in tutto sette. Quelli dell'iniziazione cristiana sono: Battesimo, Eucarestia e Cresima. Con essi il fedele entra a far parte della Chiesa e si incorpora a Cristo-Sposo ricevendo gli elementi essenziali della fede. «Il Battesimo, però, è il fondamento di tutta la vita cristiana, il vestibolo d'ingresso alla vita nello Spirito (*vitae spiritualis ianua*), la porta che apre l'accesso agli altri sacramenti».[82] Sacramenti di guarigione, invece, sono Riconciliazione e Unzione degli infermi. Essi servono per rafforzare la fede nelle situazioni di smarrimento e di caduta nel peccato, come anche nelle situazioni di debolezza fisica e morale. I sacramenti dell'edificazione della Chiesa sono: Ordine e

---

[81]Cf. M. SOPOĆKO, *Duch liturgii Niedzieli II Wielkanocy*, in "Duszpasterz Polski Zagranic" 2 (1971), pp. 37-52.

[82]PONTIFICIO CONSIGLIO PER LA FAMIGLIA, *I figli - primavera della famiglia e della società*, San Paolo, Milano 2000, p. 41.

Matrimonio che rendono partecipe il fedele dell'edificazione della comunità cristiana nel mondo, nei due ambiti, familiare ed ecclesiale.

Teniamo presente che in tutti i sacramenti Cristo - lo Sposo della Chiesa - agisce attraverso un ministro, che solitamente è il sacerdote o il diacono, ma che in alcuni casi può essere lo stesso fedele. Infatti nel Matrimonio, i ministri sono gli sposi stessi, o anche chiunque abbia intenzione di fare ciò che fa la Chiesa in loro come nel Battesimo. In altre parole i sacramenti sono considerati come manifestazioni storiche dell'iniziativa Trinitaria che opera nella Chiesa in quanto Sposa di Cristo e, dunque, nei fedeli che la costituiscono. Per questo «la Chiesa-comunità Sposa riconosce i doni che lo Sposo continuamente le offre, la comunità Sposa aiuta a capire i doni che Gesù continua a fare, è attenta alla voce, alle parole dello Sposo».[83]

In questa economia sacramentale, gli stessi sacramenti diventano gli eventi di Cristo Risorto, e cioè che lo Sposo della storia in quel dato tempo e momento incontra il credente e gli parla. Il fedele, vivificato dai sacramenti, realizza in sé stesso il piano di salvezza di Dio-Misericordia ed è chiamato a formare un'unica persona in Cristo (cf. *Gv* 11,51), Sposo della Chiesa. Questo approccio ermeneutico valorizza moltissimo la dimensione storico-sponsale e dunque attualizza in contesti diversi i segni sacramentali. Infatti «per vivere bene questa dimensione nuziale, occorre che il sacerdote stabilisca una relazione speciale con gli sposi, con coloro che hanno ricevuto il sacramento del matrimonio, perché la prima visibilizzazione della nuzialità è legata alla relazione uomo-donna, al dono dell'"in principio", che divenne nello Spirito sacramento dell'amore Cristo-Chiesa».[84]

Oggi noi leggiamo i sacramenti come i punti d'incontro dei fedeli con Cristo-Sposo. In questa chiave di lettura possiamo valorizzare maggiormente la dimensione cristologica, mettendo al centro la presenza operante di Gesù Cristo.

---

[83]R. BONETTI, *In famiglia la fede fa la differenza*, op. cit., p. 57.
[84]ID., *Il prete: uno sposo*, op. cit., p. 80.

La Sua azione sponsale si manifesta nella storia, Egli nei sacramenti agisce come ministro principale dell'incontro personale con gli sposi e come garante della loro relazione con il Padre nello Spirito.

Cristo mediante i sacramenti invita tutti i credenti alla Sua sequela sponsale ossia a porsi individualmente oppure come coppia degli sposi in relazione con Lui. Ciascuno nel proprio vissuto personale è chiamato a riconoscerlo e manifestarlo come Signore e Sposo. In questa chiave di lettura possiamo valorizzare la dimensione ecclesiale dei sacramenti. Questi, infatti, vengono vissuti nella Chiesa e per la Chiesa. Il fedele, gli sposi, si pongono in comunione con la Chiesa, cioè nell'assemblea concreta, reale, all'interno della quale occupa un posto. Condivide dunque la fede e si pone in rapporti di solidarietà con gli altri. Da questa consapevolezza nasce la spinta propulsiva verso l'intera umanità, che forma nel suo insieme il corpo mistico di Cristo-Sposo. Si realizza così la missione ossia l'impegno a edificare la nuova famiglia umana in Cristo, e cioè «la famiglia cristiana che non propone situazioni matrimoniali carcerarie, ma la bellezza dell'amore, una via di crescita dell'amore».[85] Per questo «essa propone di dare ai figli il primo, indispensabile "latte della vita" che è l'amore, che poi è necessario per tutta l'esistenza».[86]

Secondo questa chiave di lettura i sacramenti sono espressione di vita sponsale della comunità ecclesiale. Di più, possiamo interpretare i sacramenti come immagine della presenza operante dello Spirito Santo, senza il quale non si ha celebrazione. Se, infatti, non c'è lo Spirito Santo a vivificare il sacramento, questo si riduce a semplice ritualità. Una celebrazione compiuta con Lui, invece, rende presente il memoriale liturgico della passione, morte e gloriosa risurrezione di Cristo.

I gesti, il linguaggio, le parole, le cose e le azioni, pur rimandando a realtà umane, diventano segni efficaci e visibili della presenza di Cristo-Sposo che

[85]R. BONETTI, *In famiglia la fede fa la differenza*, op. cit., p. 69.
[86]*Ibidem.*

tramite lo Spirito-Vita agisce nei sacramenti. Infatti, «san Paolo esprime tutto questo, chiamando lo Spirito Santo "Spirito di Cristo" (*Rm* 8,9) e dicendo che lo Spirito dà la vita "in Cristo Gesù" (*Rm* 8,9)».[87]

Grazie all'azione dello Spirito Santo - l'«*exstasi* della comunione interpersonale del Padre e del Figlio - si crea il luogo personale della comunione interpersonale tra Cristo ed i credenti in lui».[88] Tutti quelli che partecipano ai sacramenti come soggetti attivi "vivificati" dallo Spirito diventano fedeli. La celebrazione diventa il luogo di un'esperienza di fede autentica e profonda, che è cristiana ed ecclesiale. Al tempo stesso è memoriale del mistero pasquale e manifestazione pentecostale dell'unico Spirito. In altre parole potremmo dire «il Soffio ultimo della esistenza di Gesù riassume il soffio di amore che ha animato tutta la sua vita».[89], così «lo Spirito pentecostale, suscitatore della missione, raccoglie i credenti nella preghiera per dire che la preghiera, quella autentica, è fatta soprattutto di ascolto della Parola di Dio e di accoglienza del suo Dono».[90]

In questo modo si attua un dinamismo interno alla Chiesa, «il dinamismo della libertà umana del Salvatore e, in quel compimento della sua vita, l'ora pasquale della sua morte viene "donato-inviato" alla Chiesa ed al mondo».[91] La vita di ciascun fedele nella Chiesa, in quanto Sposa di Cristo, come la vita della Chiesa in ciascun fedele si compenetrano entrambi e tendono reciprocamente alla santificazione. È come «l'esplicito invito alla santificazione personale e comunitaria, che ovviamente tende a realizzarsi nella esperienza di ogni uomo o donna, che liberamente accolga la divina rivelazione».[92] Tra i valori universali dell'umanità c'è l'amore per cui l'uomo e la donna si cercano e si incontrano, per diventare una coppia e dare origine alla famiglia, cellula prima e vitale della società. Per questa sua rilevanza sociale, leggi e costumi presso tutti i popoli

---

[87]R. CANTALAMESSA, *La vita in Cristo*, Ancora, Milano 1999, p. 150.
[88]M. BORDONI, *La cristologia nell'orizzonte dello Spirito*, Queriniana, Brescia 1995, p. 298.
[89]*Ibid.*, p. 249.
[90]C. GHIDELLI, *Spiritualità familiare - famiglia cristiana tra utopia e realtà*, ELLEDICI, Torino 2001, p. 130.
[91]M. BORDONI, *La cristologia nell'orizzonte dello Spirito*, p. 298.
[92]C. GHIDELLI, *Spiritualità familiare - famiglia cristiana tra utopia e realtà*, op. cit., p. 80.

mirano a dare alla famiglia ordine e stabilità, sottraendola al capriccio individuale. I riti ne sottolineano spesso il carattere sacrale.

Nell'Antico Testamento i profeti assumono il matrimonio come simbolo dell'alleanza di Dio con Israele. Dio è lo Sposo sempre fedele, Israele è la sposa spesso infedele. La genuina esperienza di fede ha la poesia del fidanzamento e la dolcezza dell'amore coniugale. L'incredulità, che volta le spalle a Dio per passare agli idoli, ripete la follia dell'adulterio e la vergogna della prostituzione. Gelosia e furore divampano nel cuore dello Sposo divino; ma più grande è la sua misericordia e, malgrado il tradimento, cerca di riportare a sé la sposa: «Ecco, la attirerò a me, la condurrò nel deserto e parlerò al suo cuore (...). Ti farò mia sposa per sempre» (*Os* 2,16.21). Per quanto riguarda il matrimonio, questo simbolismo viene a dirci che l'amore umano, premuroso e fedele, dei coniugi imita e, in qualche modo, manifesta l'amore stesso di Dio. Gesù segue questa linea. Non a caso compie il primo miracolo per salvare una festa di nozze a Cana di Galilea. Viene infatti per preparare la festa eterna, in cui Egli stesso è lo sposo, e in questa prospettiva anche il matrimonio umano acquista un valore più grande. Gesù ha una buona notizia da dare agli sposi: si apre un nuovo tempo di grazia e, per chi crede, diventa possibile attuare il progetto originario di Dio sul matrimonio in tutta la sua straordinaria bellezza.

> «All'inizio della creazione Dio li creò maschio e femmina; per questo l'uomo lascerà suo padre e sua madre e i due saranno una carne sola. Sicché non sono più due, ma una sola carne. L'uomo dunque non separi ciò che Dio ha congiunto (...). Chi ripudia la propria moglie e ne sposa un'altra, commette adulterio contro di lei; se la donna ripudia il marito e ne sposa un altro, commette adulterio» (*Mc* 10,6-9.11-12).

Il matrimonio indissolubile è segno sacramentale e dono prezioso del regno di Dio che viene. Per questo l'apostolo Paolo ha sviluppato il messaggio di Gesù sul mistero della Chiesa alla luce del mistero pasquale: «Cristo ha amato la Chiesa e ha dato sé stesso per lei, per renderla santa»; e ora «la nutre e la cura», la purifica e la fa ringiovanire, perché sia «senza macchia né ruga» (*Ef* 5,25-26.27.29). Gesù Cristo è lo Sposo che ama fino al sacrificio di sé stesso e al perdono delle offese. I coniugi cristiani ricevono il Suo Spirito, che li rende capaci di amare come Lui ha amato. Sostenuti dalla sua donazione pasquale, possono e devono amarsi come Cristo ama la Chiesa. «L'uomo lascerà suo padre e sua madre e si unirà alla sua donna e i due formeranno una carne sola. Questo mistero è grande; lo dico in riferimento a Cristo e alla Chiesa!» (*Ef* 5,31-32). I cristiani si sposano «nel Signore» (*1Cor* 7,39), come Sue membra, e il loro matrimonio è elevato a sacramento, segno efficace che contiene e manifesta la nuova alleanza, l'unione di Cristo e della Chiesa. L'amore umano è simbolo di quello di Cristo; l'amore di Cristo è modello e sostegno di quello umano. «L'unità dei coniugi, in una visione di fede, è segno manifestativo ed efficace dell'unione di Cristo con la Chiesa»[93].

A questo punto vale la pena chiedersi: quale sarebbe il significato specificamente cattolico del matrimonio? Porsi questa domanda vuole dire interrogarsi sul dono della misericordia di Dio proprio di questo sacramento. Sappiamo bene che gli sposi sono i ministri del sacramento e al tempo stesso coloro che lo ricevono. Gli sposi, cioè l'uomo e la donna, con una scelta libera, ispirata dall'amore, si legano l'uno all'altro, impegnando la propria persona e l'intera esistenza: *Io accolgo te come mio sposa - mio sposo. Con la grazia di Cristo prometto di esserti fedele sempre, nella gioia e nel dolore, nella salute e nella malattia, e di amarti e onorarti tutti i giorni della mia vita.* Le parole appena menzionate formano il consenso nuziale, e cioè il progetto globale di vita, la donazione personale concreta e totale, che include come sua espressione propria la reciproca totale donazione dei corpi. Si tratta della «amorosa e libera iniziativa dell'amore umano, come dell'amore divino, [che] è referente costante

[93]*Ibid.*, p. 81.

e insostituibile nell'esperienza degli sposi. Da questo riferirsi all'originaria esperienza promana un "orientamento" che dà senso alla vita stessa, senza cui la vita a due è paragonabile a un cammino senza mèta, a un progetto senza esito».[94]

Gli sposi promettono di essere reciprocamente fedeli per tutta la vita, di amarsi e onorarsi, di accogliere con responsabilità i figli che Dio donerà loro e di educarli nella fede cristiana. Il loro stesso consenso nuziale è elevato a sacramento sponsale, e cioè il segno concreto che esprime, contiene e comunica l'amore misericordioso di Cristo per la Chiesa. Il Signore Gesù dà loro lo Spirito Santo, per renderli capaci di amarsi con carità coniugale, partecipando alla loro donazione pasquale. Li consacra come coppia, non più solo come singoli; li chiama ad edificare insieme il regno di Dio, modellando la loro comunione di vita sulla nuova alleanza di Dio-Amore e Misericordia con il suo popolo. «Ogni sposa e sposo, se si lascia educare dal dinamismo dell'amore a due, viene portato insensibilmente, ma efficacemente verso l'atteggiamento della meraviglia e dello stupore, man mano che gli si rivela l'io dell'amore, degli amati».[95] Possiamo dire che solo così il matrimonio cattolico diventa una specifica vocazione alla santità, all'interno della comune vocazione battesimale, ma anche una modalità della sequela di Cristo - Sposo perfetto della Chiesa.

Costatiamo che dal rito sacramentale deriva il vincolo coniugale permanente, e cioè il dono grande e legge nello stesso tempo, alleanza stabile e fonte sempre nuova di misericordia. Esso esige di essere vissuto consapevolmente come amore oblativo, fedele, indissolubile, totale. In altre parole ancora, il vincolo sacramentale ha bisogno di essere vissuto in modo comprensivo di spirito e corpo, però unico ed esclusivamente riservato ai due, fecondo, e cioè aperto al dono dei figli. «In questa luce la fecondità fisica

---

[94]C. GHIDELLI, *Sposi cristiani - riflessioni bibliche su matrimonio e famiglia*, ELLEDICI, Torino 1991, p. 45.
[95]*Ibidem.*

diventa frutto dell'incontro dell'uomo e della donna, secondo il progetto primo e insostituibile di Dio creatore rimarrà sempre un valore di primaria grandezza».[96]

I coniugi, vivendo il vincolo sacramentale da veri battezzati, secondo la loro vocazione sponsale, avranno il desiderio di superare la logica dell'individualismo egoista, dell'autoreferenzialità, del protagonismo e di dedicarsi ciascuno al bene dell'altro. Così la coppia degli sposi penserà prima a offrire la vita piuttosto che a pretendere, anzi non coltiverà eccessive aspettative nei confronti dell'altro, ricordando che solo Dio misericordioso può veramente e pienamente saziare il desiderio di amore. Gli sposi in questo modo potranno comprendere che le nozze umane sono un segno concreto e un anticipo futuro delle nozze eterne con Dio Amore-Misericordia, e che la fedeltà coniugale può diventare come la crocifissione, e cioè può esigere impegno generoso di servizio e di perdono che non si stacca mai dalla "cultura della misericordia".

Ogni cristiano, però, sa di non essere mai solo a portare la propria croce, sa che il sacramento non dispensa dalla fatica, ma la rende ancora di più sensata e possibile. Infatti, perché il sacramento matrimoniale sia fruttuoso, occorre un cammino spirituale-sponsale di coppia: preghiera, carità, ascolto della parola di Dio, partecipazione all'eucaristia, sincerità, gesti di amore e di attenzione reciproca, dialogo assiduo ecc. ecc. Teniamo presente che la coppia degli sposi cristiani non può rimanere chiusa nel rapporto a due, altrimenti rimarrebbe isolata. Ogni coppia che vive il sacramento sponsale si deve aprire all'accoglienza e all'educazione dei figli, alla vita buona del Vangelo. La coppia, insieme con i figli, si deve aprire alla "nuzializzazione" della Chiesa, e cioè al rapporto con le altre famiglie, con la comunità parrocchiale e con la società civile. Solo così la famiglia cristiana, quella però fondata sul battesimo, sulla cresima e sul sacramento del matrimonio, diventa "immagine bella, concreta, gioiosa, attraente, dolce e tenera della Chiesa che testimonia l'amore misericordioso" e capace di tradurre in esperienza vissuta la sua missione ed

---

[96]*Ibid.*, p. 115.

essere come una “Chiesa domestica”. Infatti, «già questo fa intuire che esiste un legame profondo, organico, essenziale fra Chiesa domestica, famiglia, e Chiesa grande».[97]

Per poter comprendere l’esistenza del legame profondo della Chiesa, occorre ricordarsi che essa ha conquistato convinzione e certezza del carattere sacramentale del matrimonio lungo la sua storia. Infatti, già san Paolo nella prima *Lettera ai Corinzi* esortava a sposarsi «nel Signore», cioè tra battezzati (*1 Cor* 7,39); e dopo aver intuito che i rapporti tra Gesù Cristo e la Chiesa erano rapporti sponsali, come e più di quelli tra *Jahvé* ed Israele (cf. *2 Cor* 11,2), giunge alla conclusione che l’unione tra gli sposi cristiani si può e si deve considerare come immagine e, più ancora, come partecipazione dell’unione sponsale Cristo-Chiesa (cf. *Ef* 5,22-32). Tanto è vero che non era ancora affermato in modo esplicito che l’unione coniugale cristiana è un sacramento, ma ciò è ugualmente suggerito, perché vi si dice che i rapporti tra marito e moglie cristiani sono modellati, configurati su quelli sponsali tra Cristo e la Chiesa.[98] «Se questo è vero, allora ne consegue che l’unità del matrimonio sta saldamente fondata sull’unità dell’amore che lega Cristo alla Chiesa, la Chiesa a Cristo; parimenti è indissolubile il rapporto coniugale uomo-donna, come è assolutamente indissolubile il vincolo nuziale che lega Cristo alla Chiesa, la Chiesa a Cristo».[99]

Ecco perché la Chiesa riflettendo su queste affermazioni, lentamente ma costantemente e senza ritorni, è arrivata nel Medioevo ad elencare il matrimonio fra i sette sacramenti; giungendo, nel *Concilio Tridentino*, a dichiararlo con infallibilità come *Sacramento della nuova Legge*.[100]

Potremo dire che da allora la Chiesa ha ripetuto coraggiosamente e ha proclamato instancabilmente sempre questa dottrina, affermando pure che tra un

---

[97]R. BONETTI, *In famiglia la fede fa la differenza*, op. cit., p. 44.
[98]Cf. G. OGGIONI, *Catechesi sul matrimonio e sulla famiglia*, Piemme, Segrate 1986, p. 24.
[99]C. GHIDELLI, *Sposi cristiani - riflessioni bibliche su matrimonio e famiglia*, op. cit., p. 86.
[100]Cf. *D.S.*, n.1801.

uomo e una donna battezzati, non può sussistere un valido matrimonio se esso non è anche sacramento. Infatti, nell'ultima versione del *Codice del Diritto Canonico* leggiamo:

> «Il patto matrimoniale con cui l'uomo e la donna stabiliscono tra loro la comunione (*consortium*) di tutta la vita (...) è stato elevato da Cristo Signore alla dignità di sacramento. Pertanto tra i battezzati non può sussistere un valido contratto matrimoniale, che non sia perciò stesso sacramento» (can. 1055 §§ 1-2).

Per poter cogliere la piena caratteristica propriamente sacramentale del matrimonio occorre anzitutto evitare di confonderla con la semplice "sacralità" oppure con la sola "soprannaturalità". Il matrimonio tra un uomo e una donna, battezzati, è sacro e nello stesso tempo soprannaturale. Esso non è sacramento in forza di queste due dimensioni, ma perché ogni matrimonio sacramentale nell'attuale ordine di provvidenza, cioè nel mondo attuale così come è stato voluto da Dio, è sacro e soprannaturale. Dio, creando l'uomo e la donna ed unendoli in un rapporto di vita totale e generatore di altra vita, ha inserito il matrimonio in un particolare rapporto con Lui.[101] Effettivamente conosciamo «il progetto originario di Dio creatore sul matrimonio, attraverso la testimonianza del libro della Genesi (cap. 1 e 2)».[102] Nel testo biblico Dio inserisce il matrimonio in un quadro sacro, perché sacro è ciò che sta in connessione con il divino. Per questo possiamo dire che ogni matrimonio ha una sua sacralità.[103]

C'è da chiedersi, però, che cos'è l'ordine soprannaturale? La rivelazione dice esplicitamente che Dio ha voluto che l'uomo, nella sua esistenza e nella sua struttura, non si esaurisse interamente nella creaturalità, ma fosse elevato a "partecipare", nell'esistenza temporale e mondana e in quella eterna e celeste,

[101]Cf. G. OGGIONI, *Catechesi sul matrimonio e sulla famiglia*, op. cit., p. 24.
[102]C. GHIDELLI, *Sposi cristiani - riflessioni bibliche su matrimonio e famiglia*, op. cit., p. 74.
[103]Cf. G. OGGIONI, *Catechesi sul matrimonio e sulla famiglia*, op. cit., p. 25.

alla propria vita divina. Con questo Dio ha chiamato l'uomo a un "ordine soprannaturale". Quindi tutto ciò che appartiene all'uomo, le realtà di questo mondo, il suo essere, il suo agire sono soprannaturali; e quando si tratta di azioni responsabili, a seconda della loro rettitudine o non rettitudine, diventano soprannaturalmente buone o cattive, cioè produttive di grazia o di peccato. Costatiamo che il matrimonio fra un uomo e una donna, anche se avviene tra non battezzati, diventa sempre un atto soprannaturale; e se, come atto umano, libero e consapevole, e cioè deliberato, è compiuto con integrale rettitudine, diventa un gesto produttivo di grazia e di misericordia.[104]

A mo' di esempio possiamo pensare al matrimonio di Maria e di Giuseppe. Esso non era sicuramente un sacramento, ma era senza dubbio un atto soprannaturale, ricco di grazia e di misericordia. Tanto è vero che ogni matrimonio, prima di Cristo e dopo Cristo, ogni matrimonio, anche tra non battezzati, *repetita juvant*, appartiene all'ordine soprannaturale; e può essere accompagnato e lo dovrebbe da un accrescimento di grazia e di misericordia.[105] Diremo che l'ordine soprannaturale «è dono squisito di Dio "padre e madre" - l'esperienza paterno-materna, che ci è stata affidata, e come tale essa è rivelatrice del Donatore. Questa grazia, compito e missione è di ogni uomo e donna che accoglie la chiamata al matrimonio».[106]

Consideriamo che, grazie ai Padri della Chiesa, possiamo descrivere l'universalità e la bellezza dell'ordine soprannaturale a proposito dell'uomo e del matrimonio in questi altri termini. Bisogna sottolineare che per i Padri della Chiesa il primo uomo è stato creato sull'immagine di Cristo. Tanto è vero che anche se nel tempo Cristo viene dopo il primo Adamo, nella autenticità e nella esemplarità è prima, ancor più di quanto il Battista diceva di Gesù. Per questo Adamo poteva dire di Cristo che "viene dopo di me chi è prima di me," perché a "sua immagine io sono stato creato". Ugualmente il matrimonio di Adamo e di

---

[104]*Ibidem.*
[105]*Ibidem.*
[106]C. GHIDELLI, *Spiritualità familiare - famiglia cristiana tra utopia e realtà*, op. cit., p. 86.

Eva, che il Testo Sacro mostra istituito da Dio con l'immagine suggestiva e poetica della costola tratta da Adamo e costituita in Eva, non è primario. Ciò che diventa sicuramente primario è l'unione sponsale di Cristo con la Chiesa. Esattamente sull'immagine sponsale, è stato istituito il matrimonio dell'uomo e della donna. Dato che Cristo-Sposo e la Chiesa-sposa sono la sorgente dell'ordine soprannaturale, ogni uomo e ogni matrimonio appartengono all'ordine soprannaturale. Il matrimonio di un uomo e di una donna battezzati, oltre ad essere sacro e soprannaturale, è sacramento. In altre parole, il matrimonio-sacramento sponsale è un segno efficace di grazia e di misericordia, istituito da Cristo e celebrato dalla Chiesa. Per questo motivo il patto coniugale comunica agli sposi la grazia e la misericordia di Dio che salva e santifica.[107] Ecco perché possiamo dire che «la vocazione al matrimonio riveste una valenza ancora più significativa da quando Gesù (cf. *Mt* 5,1-12;19,1-10) l'ha riportata alla sua dignità originaria e san Paolo l'ha dichiarata *segno sacramentale dell'amore di Cristo per la chiesa* (cf. *Ef* 5,21-33)».[108]

Indubbiamente ogni sacramento è un "segno" della misericordia di Dio, cioè una realtà visibile che ne indica un'altra: più specificamente, il sacramento è segno sacro e santificante.[109] Di "segni sacri" è piena la vita dell'uomo ed è pieno sia l'Antico che il Nuovo Testamento. Un sacramento come "segno", anzi ogni "segno" del Nuovo Testamento, ha una ricchezza e una forza indicativa straordinaria, molto maggiore di quella dei segni dell'Antico Testamento. È vero

---

[107]Cf. G. OGGIONI, *Catechesi sul matrimonio e sulla famiglia*, op. cit., p. 26.

[108]C. GHIDELLI, *Spiritualità familiare - famiglia cristiana tra utopia e realtà*, op. cit., p. 86.

[109]Costatiamo che l'efficacia dei sacramenti è un loro aspetto caratteristico, affermato e difeso dalla Chiesa con chiarezza e tenacia. Essa significa, in particolare, due cose: che il sacramento, una volta che è posto validamente, se così non fosse non ci sarebbe sacramento, produce sicuramente i suoi effetti, a meno che il soggetto che lo riceve, per quanto riguarda la grazia, vi ponga ostacolo: in questo caso l'effetto si realizza quando l'ostacolo è rimosso; che gli effetti del sacramento non sono opera di chi lo riceve, ma un dono di grazia prodotto dal sacramento, anche se chi lo riceve ha il dovere di sviluppare i semi di grazia che il sacramento ha posto nel suo cuore. Qui osserviamo che anche il sacramento del matrimonio, quando il suo segno, cioè il patto coniugale, è posto validamente, produce le grazie significate non come conquista o merito di chi lo riceve, ma per sua forza intrinseca. Se ci chiediamo come mai il sacramento ha tale forza, la risposta è questa: il sacramento, ogni sacramento, è un gesto e un'azione di Cristo e Cristo è la radice e la sorgente di ogni grazia. Qui si inserisce il discorso della istituzione del sacramento, nel nostro caso del matrimonio, da parte di Cristo: cf. G. OGGIONI, *Catechesi sul matrimonio e sulla famiglia*, op. cit., p. 27.

che anche nell'Antico Testamento ci furono dei "segni" di realtà sacre, come ad esempio i sacrifici, ma questi segni, per usare il linguaggio dei Padri, erano "ombre". I sacramenti del Nuovo Testamento, invece, sono "immagini". Per esempio, se una persona vede soltanto l'ombra di un uomo, tracciata dal sole, sa che l'uomo esiste e ne coglie alcuni aspetti. Se quella persona, invece, ne vede l'immagine naturale e il ritratto, senza essere ancora in contatto diretto con la persona, ne coglie aspetti molto maggiori. Ecco perché possiamo dire tranquillamente che ogni sacramento, e quindi anche il matrimonio, è un segno di questo tipo: anzi è una "immagine" bella della realtà significata.[110] «Proprio perché Dio, che ha creato l'uomo e la donna, conosce la bellezza di questo progetto di coppia, ha voluto che fosse collocato in una cornice che mette ancor più in risalto l'originalità, la novità di questa sua immagine e somiglianza».[111]

La domanda allora nasce spontanea: in che cosa consiste il segno, l'immagine del sacramento del matrimonio? Noi sappiamo che già nel battesimo il segno consiste nel gesto di infondere l'acqua sul capo del battezzando unitamente alle parole: "Io ti battezzo nel nome del Padre, del Figlio, dello Spirito Santo", un segno semplice, ma ricco e suggestivo, se si riflette che l'acqua del battesimo non è soltanto quella realtà fisica che si vede, ma racchiude in sé il simbolismo dell'acqua della creazione, del diluvio, del mar Rosso, del Giordano, ecc. Le parole trinitarie richiamano la presenza delle Tre Persone Divine e la loro azione. Nel matrimonio, invece, il segno è il "patto coniugale" tra i due sposi, il "sì" d'amore che essi si scambiano pubblicamente davanti ai testimoni. Siamo certi che questo scambio d'amore è uguale in tutti i matrimoni: quelli di ogni tempo e di tutti i luoghi, però nel matrimonio tra battezzati c'è qualcosa di specifico e di unico. Il battesimo infatti, inserendo il cristiano in Cristo e nella Chiesa, ha anche trasformato l'amore sponsale, che c'è in ogni uomo, in una partecipazione dell'amore sponsale di Cristo e della

---

[110]Cf. *ibid.*, pp. 26-27.
[111]R. BONETTI, *In famiglia la fede fa la differenza*, op. cit., p. 14.

Chiesa. Ecco perché, quando nel sacramento del matrimonio i nubendi battezzati si scambiano il “sì” dell’amore coniugale, questa non è realtà puramente umana, ma è già una partecipazione dell’amore sponsale di Cristo e della Chiesa. Così lo scambio d’amore è una “immagine” e non solo un’“ombra” di quello che il sacramento del matrimonio produrrà. Possiamo, anzi, dobbiamo aggiungere ancora che proprio perché un uomo e una donna battezzati si fanno dono in un amore sponsale, sempre in forza del battesimo, essi già partecipano di quello di Cristo e della Chiesa. Per questo è possibile scambiare l’amore sponsale trai un uomo e una donna solo in modo sacramentale. Ecco perché per i battezzati il matrimonio solo civile non è un vero e autentico matrimonio. Effettivamente anche il nuovo Codice ha ribadito, come abbiamo già menzionato prima, questa verità «tra i battezzati non può sussistere un valido contratto matrimoniale, che non sia per ciò stesso sacramento» (*can.* n. 1055).

II sacramento sponsale del matrimonio diventa segno visibile della misericordia e produce effetti di grazia, significati dal segno sacramentale. Tali effetti si riferiscono al vincolo coniugale e alla santificazione dei coniugi e sono condizionati dalle disposizioni dei coniugi. Per poter conoscere gli effetti propri di un sacramento bisogna riferirsi infatti al segno, perché il sacramento “produce ciò che significa”. Così è per esempio il battesimo, il cui segno è una “lavanda” che purifica dal peccato e vivifica con una grazia di rigenerazione, e cioè della misericordia. Nel matrimonio invece, il segno sacramentale è l’atto di amore sponsale cristiano. Esso, quindi, produrrà nei coniugi una “speciale” partecipazione all’amore sponsale Cristo-Chiesa, segno visibile della misericordia.[112]

In questa visione sacramentale ogni matrimonio produce un vincolo o meglio una comunione indissolubile ed esclusiva tra i coniugi. Nel sacramento del matrimonio questa comunione diventa una vera e reale partecipazione di quella che intercorre tra Cristo e la Chiesa. Notiamo che tale comunione è un

[112]Cf. G. OGGIONI, *Catechesi sul matrimonio e sulla famiglia*, op. cit., pp. 30-33.

vincolo d'amore e quindi un vincolo che scaturisce dalla libertà e vive di libertà, che produce unità sponsale in Cristo e nella Chiesa. In forza del battesimo i due nubendi possedevano già, ma separatamente, una partecipazione all'amore sponsale Cristo-Chiesa. Nel matrimonio la partecipazione diventa comune, e cioè una partecipazione conferita primariamente alla coppia e dalla coppia discendente all'uno e all'altro coniuge. Quest'elevazione del vincolo coniugale è come una consacrazione, paragonabile al "carattere" conferito dai sacramenti del battesimo, della cresima e dell'ordine. Diremo che tale consacrazione, fino alla morte di uno dei coniugi, quando la "coppia" viene sciolta, è inscindibile nonostante le infedeltà, nonostante lo stesso divorzio. Nasce infatti da questa consacrazione e dalla partecipazione al vincolo sponsale Cristo-Chiesa quella maggior indissolubilità ed esclusività che caratterizza il matrimonio cristiano, perché Cristo e Chiesa sono sposi indissolubilmente uniti e fedeli.[113]

C'è poi da considerare che l'altro effetto del sacramento del matrimonio è quello della grazia che santifica e vivifica lo spirito ed anche il corpo dei coniugi, della coppia. Si tratta di una grazia di vita soprannaturale, che fa vibrare il cuore di un coniuge verso l'altro non solo con un amore sponsale umano, il che è già dono grande, ma con lo stesso amore sponsale con cui Cristo e la Chiesa si amano. Si tratta di un dono così grande, mistero grande, che la fede riesce a far intravvedere, e solo la visione celeste farà conoscere in tutta la sua ricchezza e sublimità. Questa grazia santificante diventa la sorgente di aiuti speciali per vivere il matrimonio cristiano in modo coerente a tutte le sue esigenze, le quali non sono imposte dall'esterno, ma scaturiscono dalla sua intrinseca sublimità. Il discorso sugli aiuti di grazia, che il sacramento del matrimonio distribuisce lungo tutto l'arco della vita coniugale per viverne le esigenze di fedeltà, indissolubilità, fecondità che esso impone, è un discorso disatteso o ritenuto oggi non persuasivo. Il valore del sacramento del

[113]Cf. *ibid.*, pp. 40-43.

matrimonio, in questo campo, è stato richiamato già prima da san Giovanni Paolo II nella esortazione *Reconciliatio et paenitentia*:

> «Il sacramento del matrimonio, esaltazione dell'amore umano sotto l'azione della grazia, è il segno, sì, dell'amore di Cristo per la Chiesa, ma anche della vittoria che egli concede agli sposi di riportare sulle forze che deformano o distruggono l'amore, sicché la famiglia, nata da tale sacramento, diventa segno anche della Chiesa riconciliata e riconciliante in tutte le sue strutture e istituzioni» (n. 27).

Dall'esortazione appena riportata si evince chiaramente che il sacramento del matrimonio, come dal resto ogni sacramento, produce efficacemente tutto ciò che significa, e cioè produce la consacrazione del vincolo e la grazia di santificazione. Per questo il matrimonio diventa l'unione stabile con Dio-Amore e segno visibile della misericordia. La misericordia come segno sacramentale si inserisce nella Chiesa "riconciliata e riconciliante", «Sposa di Cristo che fa suo il comportamento del Figlio di Dio, che a tutti va incontro senza escludere nessuno» (*Misericordiae Vultus*, n. 12). Ecco perché «nel "nostro tempo", in cui la Chiesa è impegnata nella nuova evangelizzazione, il tema della misericordia esige di essere riproposto con nuovo entusiasmo e con una rinnovata azione pastorale» (*MV*, n. 12) in tutti i matrimoni che vivono l'unione sacramentale con lo Sposo-Amore: è ciò che sarà affrontato ed esposto nel successivo capitolo di questa nostra riflessione.

CAPITOLO QUINTO

MATRIMONIO - COMUNIONE CON DIO AMORE-MISERICORDIA

Nel quarto capitolo abbiamo visto come il matrimonio, in quanto sacramento sponsale, diventa il segno visibile della misericordia. Ora è arrivato l'ultimo momento: dare uno sguardo sul sacramento del matrimonio come comunione reale e stabile con "Dio Amore e Misericordia".

È facile accorgersi che il tema della comunione d'amore tra Dio e gli uomini è il contenuto fondamentale della Rivelazione. Infatti l'esperienza stessa di fede del popolo di Israele diventa la storia della comunione tra Dio-Amore e gli uomini. Nella Rivelazione troviamo una significativa espressione nell'alleanza sponsale basata sull'amore di Dio. In realtà essa si instaura tra l'uomo e la donna, desiderosi del dono di grazia e della misericordia. Effettivamente, per questo motivo, la parola centrale della Rivelazione diventa: "Dio ama il suo popolo" (cf. *Gen* 9,6). Essa viene pronunciata anche attraverso le parole vive e concrete con cui l'uomo e la donna si dichiarano il loro amore coniugale. Tanto è vero che il loro vincolo d'amore diventa l'immagine e il simbolo dell'Alleanza che unisce Dio e il suo popolo (cf. *Os* 2,21; *Ger* 3,6-13; *Is* 54). Notiamo, però, che lo stesso peccato può ferire il patto coniugale e poi trasformarsi nell'immagine dell'infedeltà del popolo al suo Dio. Ad esempio: l'idolatria, la prostituzione (cf. *Ez* 16,25), l'infedeltà, l'adulterio, la disobbedienza alla legge è abbandono dell'amore sponsale del Signore. Nonostante l'infedeltà di Israele, però, il peccato non può distruggere la fedeltà eterna del Signore, perché l'amore fedele di Dio si pone come esemplare delle relazioni di amore fedele, amore fedele che deve esistere tra gli sposi (cf. *Os* 3).[114]

[114]Cf. G. OGGIONI, *Catechesi sul matrimonio e sulla famiglia*, op. cit., p. 33.

Ecco perché il Vangelo nella sua quintessenza diventa una buona notizia dell'amore fedele che raggiunge tutti gli sposi, sempre e dovunque. Osserviamo che il mondo, che Dio misericordioso ha amato e ama, non è solo quello dei santi e dei beati, ma è il mondo minacciato e inquinato dal peccato e dall'infedeltà. Sappiamo che l'umanità intera come una grande famiglia è entrata nel progetto salvifico di "Dio-Amore e Misericordia" così come era, e cioè una umanità immersa, quasi travolta dal peccato. Dio l'ha amata proprio perché bisognosa del perdono e della salvezza. Egli certamente non ha amato il peccato, ma il peccatore. Gesù, il Dio fatto uomo, è venuto al mondo proprio per annunciare, all'umanità di tutti tempi e di luoghi, "il Vangelo della misericordia". Gli sposi, per poter vivere la grandezza e la bellezza della vita coniugale in Cristo, non potranno essere mai fedeli allo Sposo se non imparano prima ad usare la misericordia tra di loro e con tutti i fratelli e sorelle, in modo particolare con coloro che hanno più bisogno di essa, a motivo delle loro difficili situazioni famigliari.[115]

In una pagina meritatamente famosa, Tertulliano ha ben espresso la grandezza di questa vita coniugale in Cristo e la sua bellezza fondata sull'unione salda e duratura:

> «Come sarò capace di esporre la felicità di quel matrimonio che la Chiesa unisce, l'offerta eucaristica conferma, la benedizione suggella, gli angeli annunciano e il Padre ratifica? Quale giogo quello di due fedeli uniti in un'unica speranza, in un'unica osservanza, in un'unica servitù! Sono tutt'e due fratelli e tutt'e due servono insieme; non vi è nessuna divisione quanto allo spirito e quanto alla carne. Anzi sono veramente due in una sola carne e dove la carne è unica, unico è lo spirito».[116]

---

[115]Cf. C. GHIDELLI, *Le lettere sulla famiglia*, ELLEDICI, Torino 2006, pp. 74-76.
[116]TERTULLIANO, *Ad uxorem*, II; VIII, 6-8: CCLI, 393.

Accogliendo e meditando fedelmente la Parola di Dio, si può comprendere meglio l'intima comunità di vita e di amore coniugale fondata dal Creatore (cf. *Gaudium et Spes*, n. 48). Essa viene elevata ed assunta nella carità sponsale del Cristo, sostenuta ed arricchita dalla sua forza redentrice. In virtù della sacramentalità del loro matrimonio, gli sposi sono vincolati l'uno all'altra nella maniera più profondamente indissolubile. La loro reciproca appartenenza è la rappresentazione reale, per il tramite del segno sacramentale, del rapporto stesso di Cristo con la Chiesa. Gli sposi sono pertanto il richiamo permanente per la Chiesa di ciò che è accaduto sulla Croce; sono l'uno per l'altra e per i figli, testimoni della salvezza, di cui il sacramento li rende partecipi.[117] Di questo evento di salvezza, il matrimonio, come ogni sacramento, è memoriale, attualizzazione e profezia. Infatti, san Giovanni Paolo II, in un discorso sulla famiglia, disse che il matrimonio

> «in quanto memoriale, il sacramento dà loro la grazia e il dovere di fare memoria delle grandi opere di Dio e di darne testimonianza presso i loro figli; in quanto attualizzazione, dà loro la grazia e il dovere di mettere in opera nel presente, l'uno verso l'altra e verso i figli, le esigenze di un amore che perdona e che redime; in quanto profezia, dà loro la grazia e il dovere di vivere e di testimoniare la speranza del futuro incontro con Cristo».[118]

Potremo dire che il matrimonio, come gli altri sei sacramenti, è un simbolo reale dell'evento della salvezza proiettata all'incontro futuro con Cristo - Sposo delle nozze eterne. Notiamo che secondo il disegno di Dio, il matrimonio è il fondamento della più ampia comunità della famiglia, poiché l'istituto stesso del matrimonio e l'amore coniugale sono ordinati alla procreazione ed educazione della prole, in cui trovano il loro coronamento (cf. *Gaudium et Spes*, n. 50).

[117]Cf. G. OGGIONI, *Catechesi sul matrimonio e sulla famiglia*, op. cit., p. 34.
[118]GIOVANNI PAOLO II, *Discorso ai Delegati del "Centre de Liaison des Equipes de Recherche"*, 3 (3 Novembre 1979), in *Insegnamenti di Giovanni Paolo II*, II, 2 (1979) 1032.

Nella realtà più profonda del matrimonio, l'amore è essenzialmente dono e legame coniugale. Esso conduce gli sposi alla reciproca «conoscenza» che li fa «una carne sola» (*Gen* 2,24). L'amore non si esaurisce all'interno della coppia, poiché li rende capaci della massima donazione possibile, per la quale diventano cooperatori con Dio per il dono della vita ad una nuova persona umana.[119] Infatti, per questo motivo

> «gli sposi vi partecipano in quanto sposi, in due, come coppia, a tal punto che l'effetto primo ed immediato del matrimonio (*res et sacramentum*) non è la grazia soprannaturale stessa, ma il legame coniugale cristiano, una comunione a due tipicamente cristiana perché rappresenta il mistero dell'Incarnazione del Cristo e il suo mistero di Alleanza. E il contenuto della partecipazione alla vita del Cristo è anch'esso specifico: l'amore coniugale comporta una totalità in cui entrano tutte le componenti della persona - richiamo del corpo e dell'istinto, forza del sentimento e dell'affettività, aspirazione dello spirito e della volontà; esso mira ad una unità profondamente personale, quella che, al di là dell'unione in una sola carne, conduce a non fare che un cuor solo e un'anima sola: esso esige l'indissolubilità e la fedeltà della donazione reciproca definitiva e si apre sulla fecondità.[120] In altre parole, si tratta di caratteristiche normali di ogni amore coniugale naturale, ma con un significato nuovo che non solo le purifica e le consolida, ma le eleva al punto di farne l'espressione di valori propriamente cristiani».[121]

Possiamo affermare che in questo modo i coniugi, mentre si donano tra loro, donano al di là di sé stessi la realtà del figlio, sono il riflesso vivente del loro amore, segno permanente della unità coniugale e sintesi viva ed indissociabile del loro essere padre e madre. Divenendo genitori, gli sposi ricevono da Dio *in*

---

[119]Cf. CH. WEST, *Teologia ciała dla początkujących* (trad. *La teologia del corpo per i principianti*), Centrum Myśli J.P.II, Sandomierz 2009, pp. 96-99.
[120]cf. PAOLO VI, *Humanae Vitae*, n° 9.
[121]GIOVANNI PAOLO II, *Discorso ai Delegati del "Centre de Liaison des Equipes de Recherche"*, 4 (3 Novembre 1979), in *Insegnamenti di Giovanni Paolo II*, II, 2 (1979) 1032; *Familiaris consortio*, n. 14.

primis il dono della misericordia[122] e il compito di una nuova responsabilità. Il loro amore parentale è chiamato a divenire per i figli il segno visibile dello stesso amore misericordioso di Dio, «dal quale ogni paternità nei cieli e sulla terra prende nome» (*Ef* 3,15).[123] Teniamo presente che «nel disegno originario di Dio ogni figlio dell'uomo è pensato, amato, accolto e atteso "in Cristo prima della creazione del mondo", vale a dire da sempre».[124] Potremo dire che «in questa luce la fecondità fisica, frutto dell'incontro d'amore dell'uomo e della donna secondo il progetto primo e insostituibile di Dio creatore, è e rimarrà sempre un valore di primaria grandezza, pietra fondamentale per ogni ulteriore sviluppo, anche neotestamentario, del rapporto fecondità-sterilità».[125] Notiamo però, che non si deve, tuttavia, dimenticare che, infatti, anche quando la procreazione non è possibile, non per questo la vita coniugale perde il suo valore. La sterilità fisica, infatti, può essere occasione per gli sposi di altri servizi importanti alla vita della persona umana, quali ad esempio l'adozione, le varie forme di opere educative, l'aiuto ad altre famiglie, ai bambini poveri o handicappati (cf. *Familiaris consortio*, n. 14).[126]

È importante riflettere su un fatto: nel matrimonio e nella famiglia si costituisce un complesso di relazioni interpersonali - nuzialità, paternità-maternità, filiazione, fraternità -, mediante le quali ogni persona umana è introdotta nella "famiglia umana" e nella "famiglia di Dio"[127], che è la Chiesa. Il matrimonio - comunione sponsale con "Dio Amore e Misericordia", e la famiglia cristiana edificano la Chiesa. Nella famiglia, infatti, la persona umana non solo viene generata e progressivamente introdotta, mediante l'educazione, nella comunità umana, ma attraverso la rigenerazione del battesimo e l'educazione alla fede, essa viene introdotta anche nella famiglia di Dio, che è la

[122]Cf. M. SOPOĆKO, *Miłosierdzie Boga w dziełach Jego* (*Misericordia di Dio nelle Sue opere*), vol. I, KMB, Białystok 2008, pp. 258-262.
[123]Cf. G. OGGIONI, *Catechesi sul matrimonio e sulla famiglia*, op. cit., p. 36.
[124]R. BONETTI, *In famiglia la fede fa la differenza*, op. cit., p. 25.
[125]C. GHIDELLI, *Sposi cristiani - riflessioni bibliche su matrimonio e famiglia*, op. cit., p. 115.
[126]Cf. G. OGGIONI, *Catechesi sul matrimonio e sulla famiglia*, op. cit., p. 37.
[127]Così detta Chiesa domestica.

Chiesa. La famiglia umana, disgregata dal peccato, è ricostituita nella sua unità dalla forza redentrice della morte e risurrezione di Cristo (cf. *Gaudium et Spes*, n. 78). Il matrimonio cristiano, partecipe dell'efficacia salvifica di questo avvenimento, costituisce il luogo naturale nel quale si compie l'inserimento della persona umana nella grande famiglia della Chiesa. Il mandato di crescere e moltiplicarsi, rivolto in principio all'uomo e alla donna, raggiunge in questo modo la sua intera verità e la sua piena realizzazione. La Chiesa trova così nella famiglia, nata dal sacramento, la sua culla e il luogo nel quale essa può attuare il proprio inserimento nelle generazioni umane, e queste, reciprocamente, nella Chiesa (cf. *Familiaris consortio*, n. 14-15).[128] «La Chiesa, comunità di cui gli sposi riconoscono lo scopo del fare famiglia in piccolo, e in privato la vivono come Chiesa- domestica, fa intuire che esiste un legame profondo, organico, essenziale fra Chiesa domestica, famiglia, e Chiesa grande».[129]

Per questo il sacramento del matrimonio crea la comunione profonda con Dio che si realizza anzitutto nel patto coniugale. Va ribadito, però, che dal patto deriva uno stato permanente. Perciò chi è sposato, è sposato per sempre e solo la morte di uno dei coniugi scioglie il vincolo coniugale. Lo stesso avviene per il battezzato, oppure per chi è ordinato presbitero, il sacramento è per sempre. Dal resto questa dottrina è sempre stata proposta dalla Chiesa. C'è da notare che in questi ultimi tempi si sta intraprendendo la strada verso una riflessione rinnovata sullo stato matrimoniale. Essa rileva che nello stato matrimoniale si trova non solo la permanenza di un vincolo, ma anche la permanenza del "sacramento" perché il matrimonio è un "sacramento permanente". Per capire cosa sia un "sacramento permanente" occorre di nuovo riferirsi all'esempio della eucaristia, che è sicuramente un sacramento permanente. Infatti, per esempio, le specie consacrate, fin quando sussistono, non racchiudono solo la presenza vera e reale di Cristo, ma per coloro che in qualche modo vi si accostano, sono un vero e

[128]*Ibidem.*
[129]R. BONETTI, *In famiglia la fede fa la differenza*, op. cit., p. 44.

"autentico sacramento", cioè un segno efficace di grazia e di misericordia. Il sacramento è per quanti si accostano "fisicamente" alla santa comunione. Il sacramento dell'eucaristia, però, non lo si riceve solo durante la Santa Messa, ma anche al di fuori. Pensiamo a coloro che si accostano "spiritualmente" nella santa comunione, in modo diverso, ma non meno vero.

L'adorazione dell'eucaristia, la visita al SS. Sacramento, la processione del *Corpus Domini* ecc., sono i gesti di adorazione e di culto a Cristo - lo Sposo della Chiesa che è presente realmente e veramente. Essi sono anche i gesti sacramentali, sacramentalmente efficaci, in un modo loro proprio, per coloro che li compiono o vi partecipano. Valore sacramentale assume in questa luce anche per esempio la processione eucaristica.[130] Potremmo affermare che grazie a questi gesti sacramentali «la coppia degli sposi (...) riconosce e accoglie il dono della presenza di Gesù».[131] Potrebbe sorge una domanda: si potrebbe dire che a somiglianza dell'eucaristia il matrimonio è un "sacramento permanente"? Il problema si pone nella catechesi attuale a partire da un testo di Pio XI nell'enciclica *Casti Connubi*.[132] Osserviamo che la qualifica di "permanente" si riferisce non allo stato coniugale, che è stabile e indissolubile, ma proprio all'aspetto sacramentale. Perché ci sia un sacramento è necessario che ci siano il segno, il ministro, il soggetto. Dunque, poiché tutti e tre questi aspetti si realizzano negli sposi, ne consegue che il sacramento del matrimonio "permane", e permane proprio come segno efficace di grazia e di misericordia. Di conseguenza gli sposi possono rivivere la realizzazione sacramentale del

---

[130]Cf. G. OGGIONI, *Catechesi sul matrimonio e sulla famiglia*, op. cit., p. 37.

[131]R. BONETTI, *In famiglia la fede fa la differenza*, op. cit., p. 15.

[132]PIO XI, *Casti Connubi - enciclica di san Pio XI del matrimonio cristiano* (31 dicembre 1930), Ed. Gregoriana, Padova 1932. Notiamo che in questa enciclica, papa Pio XI volle ratificare quanto cinquant'anni prima aveva affermato Leone XIII nell'enciclica *Arcanum Divinae*s sulla dignità e sacralità del matrimonio cristiano. In primo luogo il Pontefice volle esprimere il suo dissenso verso l'ampia immoralità sessuale che si andava diffondendo e soprattutto verso chi, in nome di tale immoralità, osava vanificare la santità e l'indissolubilità del connubio matrimoniale. Ribadì che i primi doveri degli sposi devono essere la reciproca fedeltà, il mutuo e caritatevole amore e la retta e cristiana educazione della prole. Il papa, inoltre, condannò tutte le leggi eugenetiche, allora molto in voga, che miravano a impedire il matrimonio e la procreazione da parte di individui ritenuti "inadatti". La famiglia infatti è "più santa dello Stato". Infine, Pio XI dichiarò moralmente illecita l'interruzione di gravidanza mediante aborto e, all'interno delle relazioni coniugali, ogni rimedio per evitare la procreazione: cf. *ibidem*.

matrimonio, con la produzione efficace degli effetti di grazia, così come le specie eucaristiche consacrate diventano sacramento per chi le riceve.[133]

Sia chiaro: il matrimonio come sacramento permanente non produce effetti sul vincolo matrimoniale, e quindi sullo stato coniugale, in quanto tali, perché vincolo e stato furono già adeguatamente realizzati dal sacramento-patto. Il matrimonio come sacramento sponsale e permanente agisce solo sugli effetti della grazia. Nel tentativo di specificare quali atti sono per una realizzazione sacramentale del matrimonio come sacramento "permanente", dobbiamo dare alcune ultime indicazioni.

La prima: deve trattarsi di atti liberi e consapevoli, perché solo così si pone un atto umano di amore coniugale.

La seconda: deve trattarsi di atti eticamente onesti e compiuti in grazia di Dio, perché senza grazia di Dio il sacramento del matrimonio non produce grazia.

La terza: deve trattarsi di atti vicendevoli di amore coniugale, perché il segno coniugale sta nell'amore sponsale. In altre parole «la reciprocità è "legge" fondamentale della tenerezza coniugale, così come essa caratterizza la vita trinitaria».[134] Ovviamente non soltanto gli atti di amplesso, ma tutti gli atti di amore come il bacio, le tenerezze, lo sguardo ecc. richiedono dai coniugi la reciprocità.

Sosteniamo, però, che gli atti possono essere attuazione del sacramento permanente quando realizzano le condizioni per una fruttuosa recezione del sacramento sponsale. Gli atti vicendevoli di amore coniugale a queste condizioni diventano atti veramente sacramentali, così come veramente sacramentale è, a certe condizioni, l'uso del SS. Sacramento anche al di fuori della Messa.[135]

---

[133]Cf. G. OGGIONI, *Catechesi sul matrimonio e sulla famiglia*, op. cit., pp. 38-39.
[134]C. GHIDELLI, *Spiritualità familiare - famiglia cristiana tra utopia e realtà*, op. cit., p. 39.
[135]Cf. G. OGGIONI, *Catechesi sul matrimonio e sulla famiglia*, op. cit., p. 40.

CONCLUSIONE

Dopo le riflessioni, proposte nel corso della stesura del presente testo, ora vorrei lasciare spazio alle mie riflessioni e impressioni. Attraverso di esse, intendo sottolineare ancora una volta e mettere in luce il tema della misericordia nel matrimonio, sul nesso tra la misericordia di Dio e il sacramento delle nozze.

Sappiamo che i coniugi si sposano «nel Signore» (*1Cor* 7,39), come Sue membra, e il loro matrimonio è elevato a sacramento, segno efficace della misericordia che contiene e manifesta la nuova alleanza, l'unione di Cristo-Sposo e della Chiesa-Sposa. Sposarsi "in Cristo e nella Chiesa" però, non significa semplicemente scambiarsi davanti a Dio una promessa umana di amore per chiedere il Suo aiuto e la Sua protezione. Essa significa lasciarsi avvolgere dalla misericordia e dalla fedeltà di Dio, fino al punto da impegnarsi a vivere l'amore sponsale, sempre con l'aiuto della Grazia, perché non è possibile con le sole risorse umane, abbracciando la logica della fedeltà di Dio. Ed è proprio questo che rende quella relazione di amore, vissuto "in Cristo e nella Chiesa", un segno sacramentale, cioè espressione e manifestazione, dell'amore con cui Dio misericordioso ama l'umanità e Cristo ama la Chiesa, anche quando essa diventa una sposa infedele. Il matrimonio indissolubile - segno visibile della misericordia, come gli altri sei sacramenti -, è un simbolo reale dell'evento della salvezza proiettata all'incontro futuro con Cristo - Sposo delle nozze eterne.

Impegnati a vivere nella prospettiva del futuro incontro con lo Sposo e il dono dell'indissolubilità del loro matrimonio, i coniugi possono riscoprire tutti giorni il volto misericordioso di Dio. L'indissolubilità del sacramento delle nozze permette agli sposi di intravvedere qualcosa di più grande e di più importante delle cose che già conoscono, e cioè la verità di "Dio Amore e Misericordia" che crea, dona e si dona agli sposi.

È necessario che tutti i battezzati sentano il dovere fondamentale di riaffermare con forza la dottrina dell'indissolubilità del matrimonio a quanti, ai nostri giorni, ritengono difficile, o addirittura impossibile, legarsi ad una persona per tutta la vita e a quanti sono travolti da una cultura, che rifiuta l'indissolubilità matrimoniale e che deride apertamente l'impegno degli sposi alla fedeltà.

Ricordiamo che l'indissolubilità del matrimonio è sempre frutto della misericordia di Dio. Il matrimonio indissolubile è segno sacramentale e dono prezioso del regno di Dio che viene. Tanto è vero che il matrimonio è sacramento sponsale e «mistero grande» (*Ef* 5,32). Infatti, il matrimonio come sacramento è presente nello straordinario "disegno sponsale" di "Dio Amore-Misericordia". Esso viene descritto con una bellezza unica sin dall'inizio della Bibbia, che si apre con la creazione dell'uomo e della donna, ad immagine e somiglianza di Dio, e si chiude con la visione delle "nozze dell'Agnello" (*Ap* 19,9).

San Giovanni Paolo II nell'Esortazione *Familiaris Consortio* al n. 20, ha indicato già molto bene l'urgenza di ridire la bellezza della verità di un patto che, nell'odierna cultura, sembra affievolirsi se non addirittura offuscarsi. La verità esige innanzitutto un atteggiamento di contemplazione per comprendere quale disegno Dio ha sulla coppia e quale progetto Dio intende realizzare attraverso di essa. Penso che sia importante guardare attentamente e raccogliere la nostra attenzione sulla sorgente del vero amore, e cioè Cristo. Per questo è necessario ribadire la buona notizia della definitività di quell'amore coniugale, che ha in Gesù Cristo il suo fondamento e la sua forza (cf. *Ef* 5,25). L'urgenza di contemplare il progetto di "Dio Amore-Misericordia", come scriveva l'arcivescovo emerito Carlo Ghidelli, deriva:

> «anzitutto perché Dio stesso si è compiaciuto dell'opera fatta e "Vide che era bello, molto bello" (*Gn* 1,31). Persino Dio si ferma estatico dinanzi alla coppia

umana, somma espressione della creazione e portatrice dell'immagine di Dio. Persino Dio esprime il suo stupore dinanzi alla coppia umana, l'unica capace di far balenare nel mondo un raggio di quella luce amorosa che è Dio stesso. Persino Dio rimane sorpreso per l'incomparabile bellezza della coppia umana: una bellezza non solo materiale ma anche spirituale, non statica ma dinamica, non effimera ma duratura"».[136]

Osserviamo che, quando Dio creò ed ebbe dato forma a ciò che è "informe e vuoto", la terra prese vita, un Dio che manifestò la sua misericordia non solo con il suo "contrarsi", ma donando la dimora dove l'uomo potrà vivere. Ecco perché di tutto questo si dice che Dio è "buono" e "misericordioso". Dio, soltanto riferendosi alla coppia umana, vide "che era molto bella". La coppia nel piano di Dio è la più alta espressione di questa dualità. Dio pensa questa relazione "a immagine e somiglianza di se stesso", che è "Amore e Misericordia", che è relazione, che è Trinità. Non possiamo dimenticare che l'immagine completa di Dio non sta nell'uomo singolo o nella donna sola, ma nella coppia umana. Essa si presenta come la prima e originaria vocazione, la creazione dell'uomo e della donna, nel loro riconoscersi reciproco, come dono l'uno per l'altro.

L'uomo è pienamente sé stesso quando ha di fronte un "altro" che lo corrisponda, un partner, un altro da sé. Infatti, «non è bene che l'uomo sia solo» (*Gn* 2,18), è questa l'espressione che ritroviamo nella *Genesi* per indicare uno stato di bisogno, di mancanza. Dio rivela di nuovo la sua infinita misericordia. Solo chi è attento all'altro può accorgersi del suo bisogno. Dio si accorge della solitudine dell'uomo. Il vuoto però, non può essere colmato con la creazione degli animali, essi non possono essere l'aiuto capace di essere "di fronte", di "aiuto". Ecco perché l'uomo non è chiamato a vivere in solitudine, ma in dialogo d'amore interpersonale. La donna è l'altro dono straordinario ed infinito che Dio fa all'uomo. Dio nella sua infinita misericordia dona la donna all'uomo,

---

[136] C. GHIDELLI, *Spiritualità familiare. La famiglia cristiana tra utopia e realtà*, ELLEDICI, Leumann (To) 2001, p. 37.

con immagini simili a quelle di una liturgia nuziale. Dio conduce la donna verso l'uomo, così come una sposa è condotta dal padre allo sposo. Questo gesto, di indiscussa e rara bellezza, evidenzia la più alta espressione del dono che non chiede di essere contraccambiato, ma fa della felicità altrui la propria felicità. É il più bel dono che il Padre misericordioso poteva fare a suo figlio. Questo gesto dice anche che la donna non è il frutto di un operare umano o espressione di un qualcosa su cui l'uomo può accampare dei diritti, ma sempre il frutto della misericordia. Nella *Genesi* leggiamo: «Questa volta essa è carne della mia carne, osso delle mie ossa» (*Gn* 2,23). Diremo che questa frase è l'unica che esce dalla bocca dell'uomo, e cioè un canto di gioia e di giubilo. Questo per dire che l'uomo finalmente ha qualcuno con cui dialogare, in cui riconoscersi e con cui costruire una "comunità di vita e d'amore".[137]

Attraverso il sacramento del matrimonio, i coniugi sono chiamati a costruire tutti i giorni quest'originaria "comunità di vita e d'amore". In questa chiamata, però, gli sposi hanno bisogno d'incontro con altri coniugi amici, che possono condividere il loro costruire una "comunità di vita e d'amore", non solo, ma anche con i dolori e le loro sofferenze. La condivisione amichevole diventa una risorsa efficace per affrontare i periodi privi di gioia e serve di aiuto ai coniugi per poter scoprire che anche altri, come loro, hanno lottato contro le stesse difficoltà.

La cosa fondamentale è capire che se i coniugi pensano continuamente a loro stessi, ai loro problemi, ai loro dolori ed in particolare al loro passato, non possederanno mai la vera gioia del Signore. Il Cristo è uno Sposo che ama fino al sacrificio di sé stesso e al perdono delle offese. I coniugi, ricevendo lo Spirito, che li rende capaci di amare e di perdonare come lui ha amato e perdonato, sono sostenuti dalla sua donazione pasquale, perciò possono e devono amarsi come Cristo ama la Chiesa. La memoria della donazione di Cristo "riproduce"

[137]Cf. E. BIANCHI, *Adamo dove sei?* Ed. Qiqajon, Comunità di Bose, Magnano (Vc) 1994, p. 108.

visibilmente l'Eucaristia. Essa è il dono della misericordia compiuto sulla Croce, ed è là che vengono sigillate le nozze dello Sposo e della Sposa.

Vale la pena sottolineare ancora che, secondo il disegno di Dio, il matrimonio è il fondamento della più ampia comunità della famiglia, poiché l'istituto stesso del matrimonio e l'amore coniugale sono ordinati alla procreazione ed educazione della prole, in cui trovano il loro coronamento (cf. *Gaudium et Spes*, n. 50). È opportuno ribadire, però, che non si può pensare di costruire la società trascurando la propria famiglia. Essere con gli altri e per gli altri è il segno distintivo di un amore, che rifiuta di lasciarsi rinchiudere nella sua privatezza e ha imparato a guardare lontano. Tutto questo significa diventare giorno dopo giorno sempre più coppia innamorata dello Sposo e imparare a giocare la propria esistenza personale e coniugale per gli altri. I coniugi hanno bisogno di vivere l'amore sponsale, la carità coniugale e la cultura della misericordia, senza correre il rischio di chiudersi nel loro mondo. Gli sposi sono chiamati alla santità di vita all'interno della chiesa domestica. La santità però, non è da ricercare altrove o nonostante, ma proprio *in* e *mediante* la vita coniugale, lo stato e la dignità che essa comporta. Piccola chiesa domestica, la famiglia cristiana dovrebbe divenire segno visibile e concreto di misericordia e di speranza, spazio nuovo di relazione e di incontro. Essa è chiamata a decidere, a prendere posizione e non aver paura di vivere fine in fondo la vera presenza di Cristo nel sacramento delle nozze.

Infine, desidero dire a tutti coniugi che hanno il coraggio di viere fedelmente la loro unione sacramentale: "voi siete belli", perché Dio-Amore che è in mezzo a voi, è bellissimo! Questa bellezza è l'unica della realtà del matrimonio, quando viene vissuta e testimoniata, dona al mondo intero il riflesso dell'amore trinitario trasformandosi nel segno visibile e concreto della infinita misericordia. Vi prego di vero cuore sacerdotale, non nascondete mai questa bellezza, l'umanità intera ha bisogno di essa per realizzare la volontà di Dio!

INDICE

Printed by Books on Demand GmbH, Norderstedt / Germany